急成長するアジア最高の親日国

インドネシアが日本の未来を創る

そして日本がインドネシアの未来を創る

Sugahara Akiko
菅原明子

SEIKO SHOBO

インドネシアが日本の未来を創る

まえがき

今日本にとって最も注目される国がインドネシアであるというのは、国際ビジネスに関わる企業の中では常識になりつつありますが、それでもインドネシアの実際に関しては、日本人はあまりにも知らなすぎるのではないかと思います。

日本が今後30年に直面する、少子化、超高齢化、GDPの低下や介護・年金問題など、人口減少に伴う問題を解決していくために〝最も大事な国〟はどこか、と考えると、インドネシアという国の存在についてしっかり理解することが重要で、両国がお互いにサポートし合うことが正しい方向性であると考えられます。

だからこそ、まずはインドネシアを理解することが大事なのです。

インドネシアはおよそ2億5千万人の、若い人口を抱える国です。

インドネシア人は本当に日本人が大好きで、Facebook などのSNSを通じ、若い人たちが多くの日本人とたくさんの友情をはぐくんでいます。

　スカルノ元大統領がインドネシアの大統領だったとき、日本人のデヴィ夫人を第三夫人として迎えたのはよく知られている話です。それは、今からおよそ50年前、混乱と分裂を繰り返す当時のインドネシアを統一し、経済的支援を確固としたものにするという目的もあったでしょうし、同時にその頃のインドネシアの財閥系の人々の間では、日本人女性と結婚したいという潜在的なステータス願望があったのだろうと思います。

　第一期の親日時代がスカルノ大統領時代だとすると、現在は第二期の親日時代といえます。

　現在インドネシアはＧＤＰの成長が年率６％台（ただし２０１４年予測は５・19％）と高い水準にあるのは注目すべき特色です。国民の平均年齢は28歳と若く、この人口ボーナスが終わるのは早くて２０３０年ごろ、あるいはそれより先の可能性もあると言われています。

　２００５年以降の今日、インドネシアでは経済が伸びれば伸びるほど消費するエネルギーも増加し、石油もあと10年で枯渇するかもしれないという危機感が高まりつつあり、その一方で消費が高まれば排出するゴミの量も増加していきます。

　そういった状況からも、再生可能エネルギーの開発やゴミのリサイクルの先進国であ

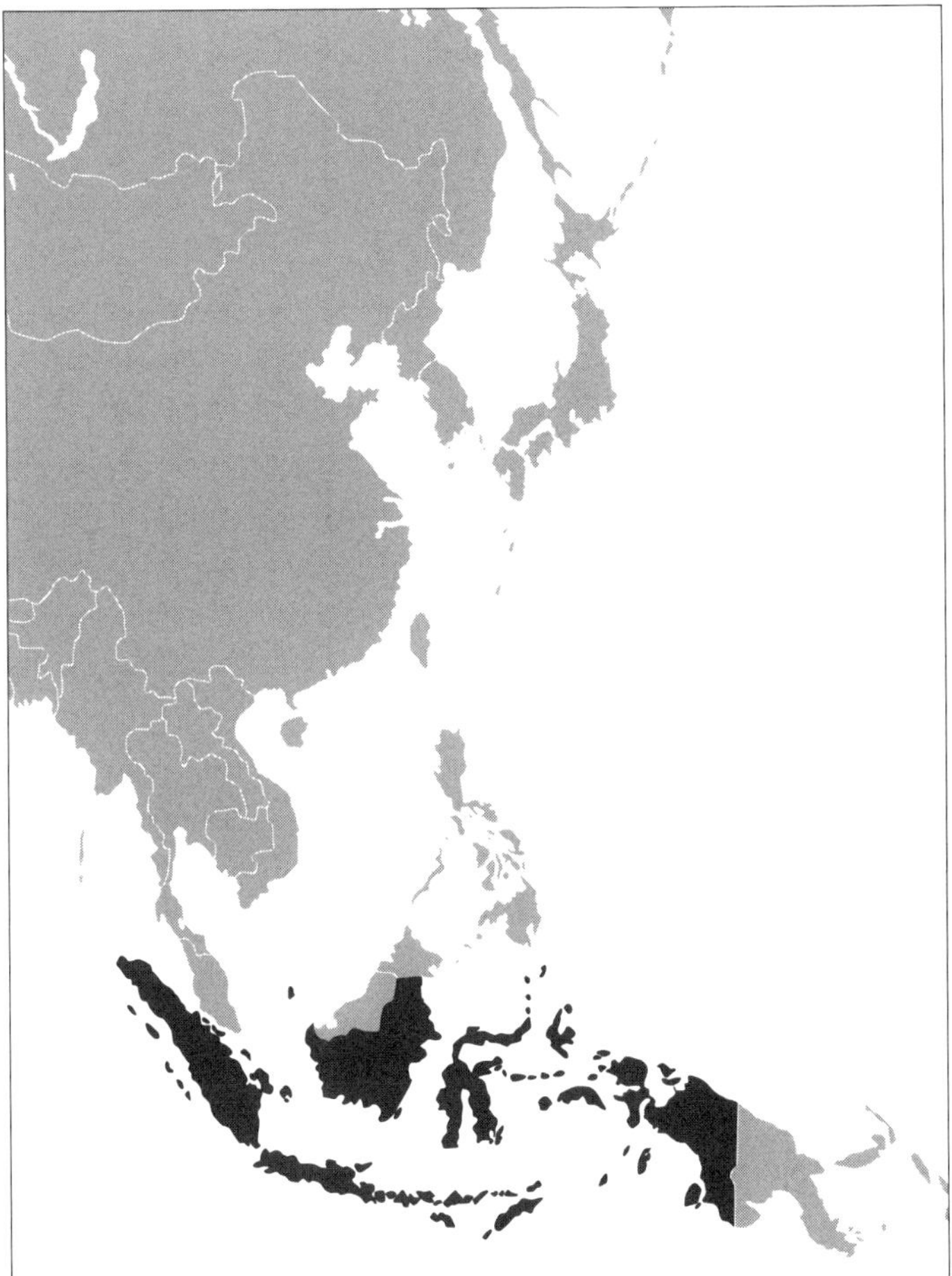

インドネシアは赤道にまたがる1万3466もの大小の島により構成された国

る日本に熱い期待が寄せられているのです。

そこで今回の現地取材では、日本が積極的にサポートして実現した地熱発電やバイオエタノール発電の開発などにも注目しました。

インドネシアの一般大衆が豊かになればなるほど、きめ細やかなサービスが特徴の日本のコンビニや、ユニクロを主体とした衣料・ファッション産業、さまざまな業態のレストランをはじめとする飲食産業の進出が盛んになります。今後は従来の企業進出に加え、現在はまだ外資の規制が厳しい医療分野、そして教育産業などが、インドネシアでビジネス展開されていく見込みです。

また、インドネシア人の間では、現地の日系企業で働きたい、日本で就職したいという希望も数多く、そのためにも、日本人がインドネシア人の歴史や文化を正しく認識し、本当の愛情や誠意を育んでいくこと、そして先端技術やマネージメントの面でインドネシアと協力し合うことが大事だと思います。

一方、インドネシアでビジネス展開したいと望む企業にとっては、解決すべき問題もいろいろあります。人件費が年々上がっていることで、人件費の安さだけに注目している企業はすぐに失敗する可能性もあります。

例えば、法制度が未整備のなか、許認可の手続きにバックマージンを取るコーディーネーター稼業の人が暗躍しやすい環境がまだあります。テレビクルーが取材をしようとすると、必ずコーディーネーターが数百万円のバックマージンを打診してきます。これらは、「インドネシア的」と言ってしまえばそれまでですが、解決されなければならない問題です。現在のところ、日本人の医師がインドネシアで直接医療にかかわるのはまだ許されていません。

また、ジャカルタをはじめ、通勤のための交通機関として、高速道路や電車などが未発達なために、道路渋滞で通勤が朝夕2時間以上かかるという現状であり、インフラの整備も解決していかなければいけない問題として残っています。

しかしその一方で、例えば教育など、インドネシアはある意味日本を超えているのではないだろうかと思うような場面に遭遇し、感動しました。グローバル化の中でどのような教育を行っていくか、と大学の学長が前向きに政策を始めていること、そしてエコロジーを目指したインターナショナルスクールがすでに存在していることなどは、とても感動的でした。

インドネシアが後進の途上国という見方は間違っているとも言えるのです。即決・即断の能力を発揮することで、既得権でがんじがらめの日本よりも明らかに、より早く21世紀的な社会、人々が住みやすく暮らしやすい社会を構築する点では、インドネシアの方が勝っているのではないかと思います。

日本とインドネシアの間で、サポートする部分、見習うべき部分をお互いにしっかりと学び合うことが、今後20年、30年にわたって繁栄を続け、幸せを実感していくために大切なことだと考えます。

そんな気持ちを込めながら、現地取材を通じ、高度成長とエコロジーを両立させようとしているインドネシアの現実をお伝えしたいと思います。

２０１４年12月

菅原明子《すがはらあきこ》

もくじ　Contents

第4章 医療～インドネシアに進出した日本の医療法人

装幀………フロッグキングスタジオ

第1章 インドネシアという国

目覚ましい経済成長を遂げている国

日本のパートナーとなる可能性を大いに秘めた国、今すさまじい勢いで高度経済成長を遂げている国、日本人観光客がたくさん訪れるバリ島があることでも有名な南の島の国――そんな夢と希望に溢れた国、インドネシアに思いを馳せながら、わたしはワクワクした思いでスカルノハッタ国際空港に降り立ちました。

インドネシアに熱い注目が最近集まるようになってきていますが、意外なことに、インドネシアの人たちが日本に対して常識的に持っている情報に比べ、私たち日本人がインドネシアのことをどれくらい知っているかを考えると、あまりにその情報量が少ないことに驚かされます。

経済ニュースの中でも、ヨーロッパやアメリカ、中国や韓国についての経済事情がニュース枠で報道されることは多いですが、私たちはインドネシアの驚異的な経済成長ぶりについてすら、あまりよく知らないのが現実です。

2008年のリーマン・ショックでアジアの国々は経済的に大変な痛手を被り、数年間経済活動が停滞しましたが、インドネシアはその間も6%の成長率を遂げてきました。

最近では中国と日本との関係で不安材料が増大し、反日運動などでデパート等に被害が及んだことがニュースで大きく扱われている一方、インドネシアの注目度はますます上がってきています。

実質経済成長率は、２００７年頃から６％を超え始め、２００９年の世界的金融危機の中でさえ、４・６％と安定した経済成長を遂げ、堅調な経済の伸びを維持してきました。２０１０〜２０１２年の3年間の成長率は、６％を超えています。

親日の要因となった故スカルノ大統領

私が今回インドネシアを訪問し、レポートしようと思った理由の一つはこの成長ぶりですが、もう一つの理由は、このインドネシアという国のポテンシャル（潜在的な力）の高さです。それはこの国が、高度成長を達成しようという野心だけでなく、21世紀にふさわしいエコロジーや再生可能エネルギーの確保などにも意欲的な取り組みをしているということをレポートしたかったからです。

この国が高度成長とエコロジーを両立させようとする意欲を持っていること自体、日本ではあまり知られていないことなので、このことを日本の人々に報告することは、意味のあることだと考えたのです。

インドネシアというと、すぐに思い出すのはスカルノ大統領（1901〜1970）です。戦後オランダから独立宣言をし、インドネシア共和国が承認されたのは1950年です。このインドネシアの独立に至るまでの独立戦争中、3000人といわれる残留日本兵が日本には帰国せず、インドネシア独立軍と共に命をかけて戦った。そしてそのオランダからの独立に大いに貢献した無名の人たちがいたということも、インドネシアと日本の関係が特別なものだと感じる背景にあるかもしれません。

スカルノ大統領は強いカリスマ性を持ちながら、一方で彼自身が日本のサポートを強く求め、そのサポートを上手にインドネシアの発展に組み込んできたのも事実であり、戦後のスカルノ大統領と日本の自民党の政治はインドネシアの発展に貢献したのでした。また、インドネシア人の性格的な面も、インドネシアの親日的な感情の背景にあるかもしれません。

日本人、とくに従来の古いタイプの日本人には、情が深い、人を信頼する、家族思いで受けた恩を忘れない、道徳を守る、というプラスの面がありましたが、それと同じような人間性がインドネシアの人の中にあると言っていいでしょう。

むしろ現在は個人主義が定着しすぎて昔に比べ近所づきあいや、親戚づきあいが減り、

インドネシアの経済成長率の推移

年	経済成長率（%）
1998	−13.13
1999	0.79
2000	4.20
2001	3.64
2002	4.50
2003	4.78
2004	5.03
2005	5.69
2006	5.50
2007	6.35
2008	6.01
2009	4.63
2010	6.22
2011	6.49
2012	6.23
2013	5.78
2014（推計）	5.19（推計）

IMF世界経済データベース資料より作成

直接的なコミュニケーションを取るのが下手になってしまっている現在の日本人のことを考えると、インドネシアの人たちの方が、20年から30年くらい前の日本人の感性に似ているといえるかもしれません。

インドネシアはデータからみても親日国だということが言えます。イギリスのBBC放送が行う世論調査の、「世界に良い影響を与えている国かどうか」という質問で、日本に対して好意的に回答した人は、インドネシア人が最も多く、世界第1位。なんと82％の人たちが、日本は世界に良い影響を与えている国であることを数字で表してくれました。世界の他の国々の日本に対する好感度は、平均値でみると52％でした。

インドネシアは戦後、日本から経済分野において様々な援助が与えられました。貿易や投資、援助、教育など、多くの分野で緊密な関係がありました。

1958年に日本とインドネシアの間で平和条約が結ばれると、日本は戦後の賠償協定として2億3300万ドルをインドネシアに供与しました。

この金額はインドネシアだけでなく、中国や韓国、シンガポールなどに供与されたものと変わりありませんが、それらの経済協力や賠償の金額を当然の賠償、あたりまえだと考えた国と、忘れなかった国というふうに表現してもよいかもしれません。

つまりインドネシアの人たちは、過去に行われたことに関する感謝の心が強い国だったと考えてもよいでしょう。

もちろん、スカルノ大統領が親日家であり、20年以上にわたって大統領であり続け、メディアを通じて親日的な発言を繰り返したことも、その原因と考えることができるでしょう。

毎年300万人増える人口成長国家

南北に細長い日本とは対照的に、インドネシアは東西に細長く、東西の長さは5110キロメートルもあります。

北はマレーシア、南はオーストラリア、東はパプアニューギニア、西はインド洋に囲まれた位置にあり、島々からなる国は赤道を跨《また》ぐ、いわば赤道直下の国です。

また、その国土の特徴は、世界有数の島嶼国《とうしょこく》であることでも有名です。

その島の数は、人口衛星の画像から1万8110とされていましたが、高潮時に水没する砂地や環礁を除外するなど、島の定義を見直し、調査し直した結果、2013年末に1万3466として発表されています。

1万以上の島々からなるこのインドネシアですが、それをつなぎあわせた面積はなんと日本の面積の5倍もあります。インドネシアの東西の長さは5110キロメートルと申し上げましたが、これは東京からジャカルタまでの距離に匹敵する長さです。この日本の5倍の面積の中に、人口は2億4700万人（2014年現在）と、日本の2倍の人口を誇っています。

人口が多い、しかも若い人が多い。それは世界中で最もポテンシャルが高い国家という意味を含んでいます。

もちろん、あまりに貧しく教育が行き届かず、失業率も50%近くあるというようなアフリカの国々は、若者が多くても、必ずしも経済的ポテンシャルが高いとは言えません。それどころか若者の失業率が高止まりし、社会の不安定要因になってしまっています。

そこで指標となるのは、人々が生活の糧《かて》を自分で稼ぐことが出来る国になっているかということです。現在、インドネシアの失業率は約6%。この数値を見るだけでも、巨大な人口を抱えつつも、安定したポテンシャルを持つ経済大国であり、先進国になりつつある国家と定義することが出来るのです。

かつての日本もそうでした。

ちょうど昭和30年代後半から40年代にかけては働き盛りの20代の多い国家だったのです。しかも失業率も4~5%で安定した国家でした。そうした国の中では、経済成長は

インドネシアの人口ピラミッド（2010年5月）

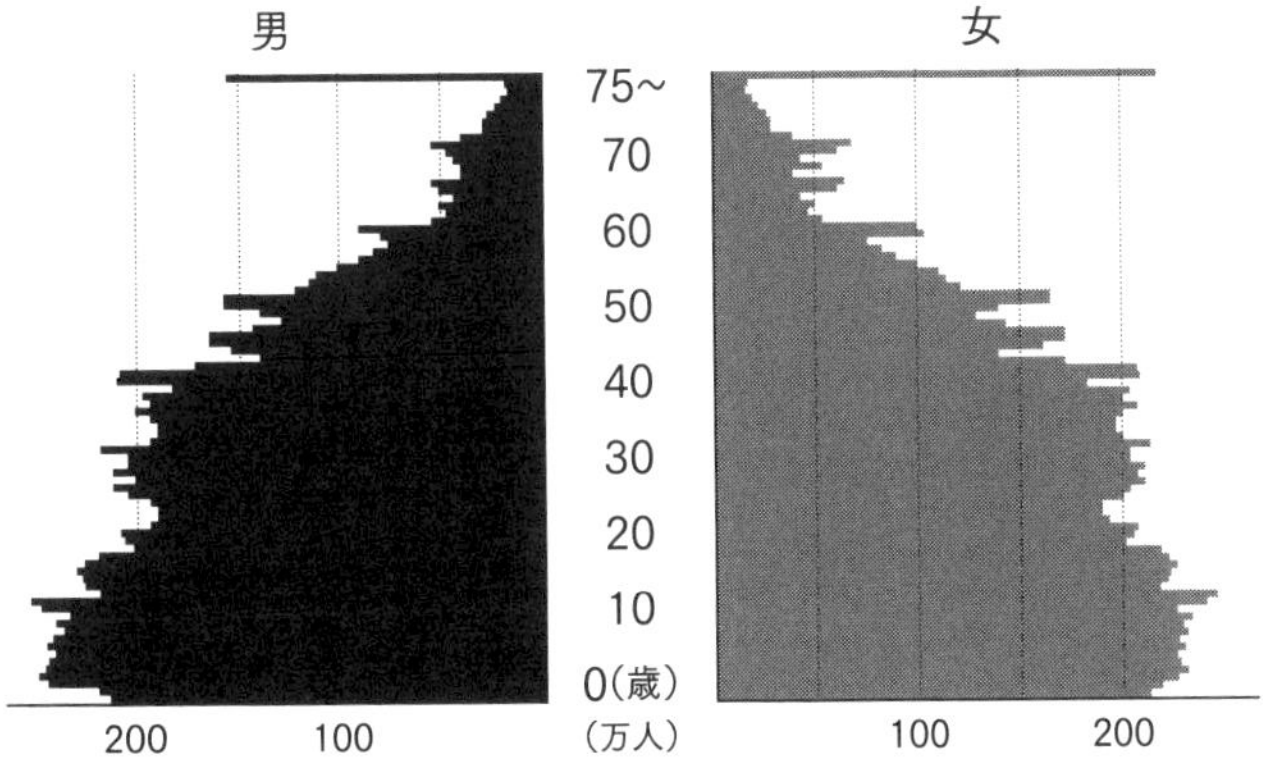

総務省統計局統計研修所・西文彦氏作成

日本の人口ピラミッド（2010年5月）

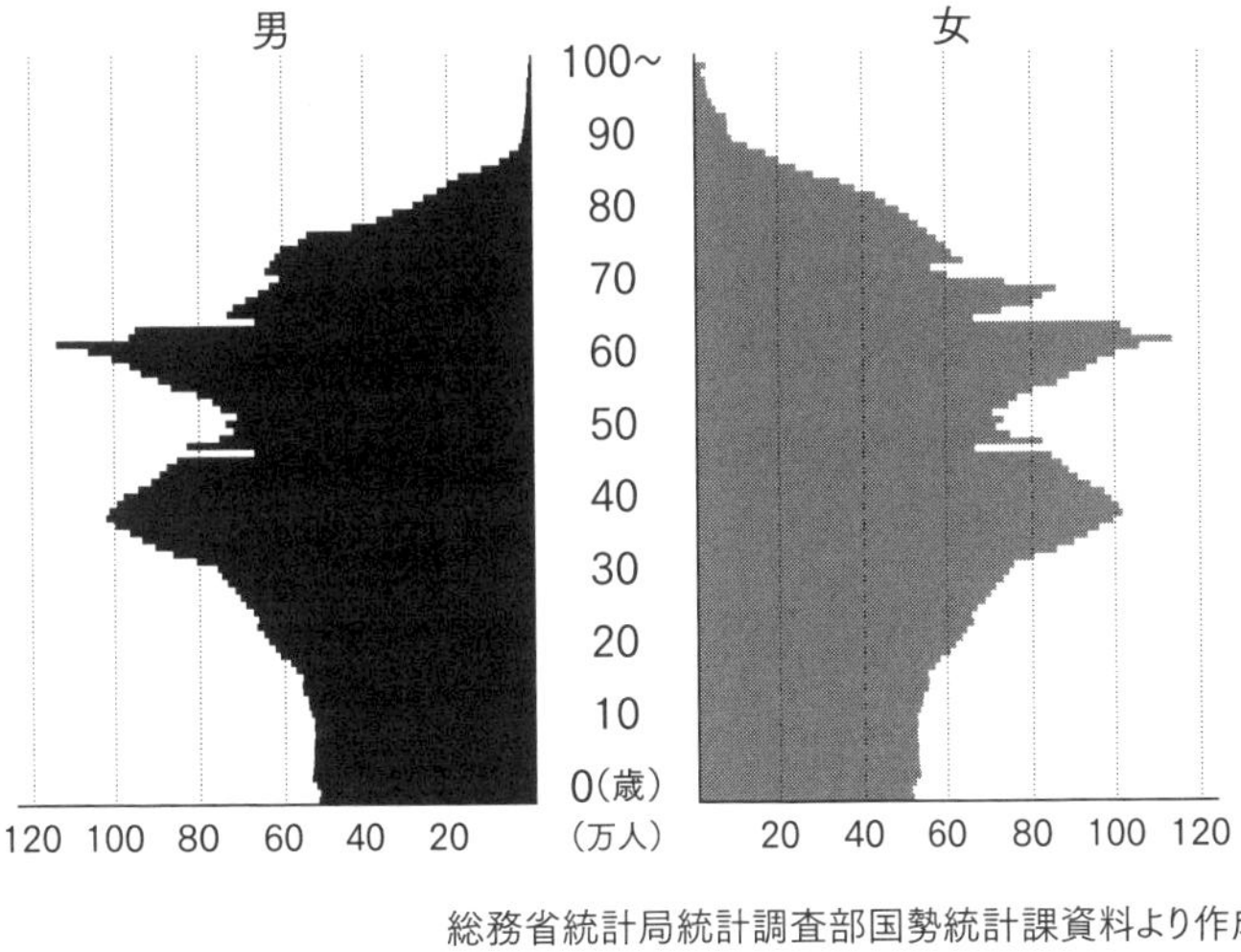

総務省統計局統計調査部国勢統計課資料より作成

安定しながら伸びていくことが、誰の目にも明らかなのです。

インドネシアの今後の人口は毎年約300万人ずつ増加しているので、このまま人口が増えると2050年までに3億人を超えるのではないかという予想もあります。

ちなみにこうした人口センサス（国勢調査）は、日本がインドネシア中央統計庁（Badan Pusat Statistik, BPS）を支援し、1980年から始まりました。

外務省所管の独立行政法人JICA《ジャイカ》（国際協力機構）を通じて総務省統計局の職員を派遣し、また2000年からは、この調査に関して、技術協力と併せて無償資金協力も実施し、調査票入力用の装置なども導入してきました。

島々に跨る国で、地方の人の中には自分の年齢を正確に知らない人も多かったようで、2000年までの調査では、0と5で終わる年齢での結果が多く、そうした数字年齢での偏り（age heaping）が非常に多く見られたとのことでした。

2013年5月15日発表のWHO（世界保健機関）による統計（「World Health Statistics 2013」）によれば、一人の女性が一生のうちで産む子どもの数の平均、合計特殊出生率は、2011年では2・1人。データにある80年代からは減る傾向にあり、世界で見ると、WHO加盟国194カ国中第114位と、けっして多くはありません。データをそのまま見る限り、将来的には日本と同じように少子化の途を辿ることも懸念されます。

しかし、特殊出生率1・39人の日本に比べれば1・5倍以上もあり、しかも日本よりはるかに多い人口を考えれば、まだまだ若い人たちがどんどん増えていくことが考えられます。

急速に高まっている教育熱

中産階級が増加すると国はすごい勢いで発展し、この階級の人々が文化とライフスタイルを新しい方向に引っ張っていくというのが、どの国でも見られる共通の現象です。現在毎年のように給料が30%以上増加するこの国では、まさしく中産階級が新しい文化、新しいライフスタイルを構築していると言って間違いではありません。

そして彼らが欲しがるものといえば、まず第一番目にバイク。インドネシア国内のバイクの販売台数は、700万台から800万台です。鉄道などの公共インフラが全くと言っていいほど発達していないこの国では、自動車以上にバイクが庶民の足になっていて、一家に一台では済まないほど普及しています。街中でも家族4人、夫婦と子ども2人が同じバイクに乗っていることも少なくありません。

これらのバイクはほとんど分割払いで手に入れていくわけですが、その他に欲しいものといえば、薄型大型テレビ、スマホ、新しいキッチン周りのものなど、拡大の方向にあります。

それらの分割払いはきちんとファイナンス部門が一軒一軒回収しに行くので、回収が滞ることはありません。

年間500万人以上の子どもが生まれるこの国では、日本で言うなら下町の、まるでアメ横の商店街のように雑多に積み上げられている子ども服を、かき分けて買い物をする若い家族の姿が見られる一方で、最新のモールの中にも、これでもかというくらい乳幼児用品や子どもの靴・洋服を販売するお店、子ども向けの書店が立ち並んでいます。幼児教育のお店も少なくありません。びっくりすることには、都心だけでなく田舎の方まで車で移動しても、公文式やヤマハ音楽教室があって、新しい若いファミリーの教育熱を支えています。

現在最も普及しているバイクはもう少しすると、軽自動車に変化していくでしょう。教育ラッシュは、韓国、中国、シンガポール、タイ、インドなど、どの国でも同じように幼児教育から高学歴を目指せが合言葉になっていて、それが大きなブームになっています。

従来は中学、高校卒業までで就労していた人たちも、自分の子どもにはもっと高学歴を望む傾向があります。現在大学の進学率は約16％ですが、日本からも年に数千社もの企業が進出する今日、少しでも高い給料、良い環境、ステータスのある仕事に就きたいと望む若者も、それを望む親たちも増えつつあります。

現在は人口のうち50％の人が高校に通っていますが、大学以上の卒業率が16％ということになります。従来は大学教員の採用でも、修士号があれば十分だったのに、いまでは大学教員でも博士号が必要になりつつあります。

また、海外留学させる富裕層が増え、それらの人たちが医師や国家公務員など大事なポストを占めていく傾向にあり、その結果、国の体制が留学した国の影響を受け、国家としてもグローバリズムの影響を受けつつあるといえます。

インドネシアの最も大きな貿易相手国は、実は中国です。中国でも海外留学経験者が国家の重要部門についているので、そのような人同士でコミュニケーションが取れやすい傾向にあります。ある意味で親日国の顔を持ちつつ、親アメリカ、親中国の国家の顔も同時に持ち合わせているのです。

富裕層の家庭では将来の留学を見越して、すべての授業を英語で行うナショナルクラスと呼ばれるクラスに通わせる人も多く、高い授業料を払っても、将来を考えれば高くない投資だと考える親も少なくありません。

つまり、こうした親が増えれば増えるほど受験競争は厳しいものになり、子どものうちに大勢の子どもたちと遊んで、笑顔にあふれたコミュニケーション能力の高い、喧嘩してもすぐに仲直りできるというアジア風なテイストが将来消えていくことになるのかもしれません。

これはすでに日本や韓国、中国で見られる教育のマイナス効果の一面です。インドネシアはそんなふうな国になってほしくないという気もしますが、10年後にはどうなっているのでしょうか。

人口ボーナスの恩恵が国内消費を高める

インドネシアの教育熱と切っても切り離せないのが、働く女性の存在です。

教育にお金をかけるとなれば、教育費確保の意味からも夫婦共働きになります。大学でも男性10に対し7の割合で女性が大学教育を受け、キャリアを積んでいます。

このような共働きを支えているのが、インドネシアの離島から出稼ぎに来ているお手伝いさんたちです。月に1万5000円くらいの給料で、住み込みで子どもの世話をしてくれるので、子どもが出来た後も共稼ぎする環境が日本よりもはるかに充実しています。これは、女性にとって幸せなことかもしれません。

人口ピラミッドで見ると、インドネシアでは、0歳から32、33歳までの年齢層が圧倒的に多くなっています。高齢化社会と言われている日本とは大きく異なります。インドネシアの平均年齢は何と27・2歳とされています。

また、2011年8月におけるインドネシアの労働人口は1億1740万人で、うち就業者人口は1億970万人とされています（グラクソ・ウェルカム・インドネシア労働組合によるデータを基にJILAF〔国際労働財団〕が発表）。

つまりインドネシアは、非常に若く、豊かな労働力に満ち溢れた国なのです。そして、若くて豊富な労働力のもとに、目覚ましい経済成長を成し遂げていると言えます。

現在、インドネシア国民の平均年齢は27・2歳という若さです。この27・2歳という年齢を、経済学的な表現では「人口ボーナス」という呼び方をします。

そしてこの人口ボーナスは、大きな消費が見込める時代を指していますが、少なくとも2030年まではこうした若者たちによる大量消費が続くでしょう。さらに2030年を超えても続くかもしれないと考えられ、毎年上がっていく給料（年率30％から40％の上昇）が、さらに国内消費を刺激するのです。現在でも国内消費がGDPの60％を占めていますが、この数字は上がることはあっても、下がることはないでしょう。

これはかつて日本がもっとも経済成長を遂げた40年前の伸び率とほとんど同じです。日本における1965年から1978年までの13年間のGDPの成長と比べると、ちょうどインドネシアにおける1998年から2011年までの13年間の成長率とほぼ重なります。

海外への輸出の量や金額が国家として栄えるための条件であると考えられやすいですが、世界的な恐慌、つまりリーマン・ショックのようなことが起こると、その後数年間は輸出が最悪のレベルまで落ち込んでしまい、その結果、国内の経済に巨大なダメージを与えることになります。国内消費のパーセンテージが高い国はむしろ、世界的な経済恐慌の影響を受けにくいとも考えられるのです。

日本とインドネシアの架け橋になるために

わたしはこれまで保健学博士という立場から、独自の健康に関する活動を展開してきました。そして世界規模で食と環境問題に取り組んできました。

1987年にはカンボジアとタイを訪問し、カンボジアでは戦災で親を失った孤児たちが暮らすキャンプを、タイでは食と有機農法に関する国際シンポジウムに参加する傍ら、その食環境を視察してきました。

さらにＯＤＡ（Official Development Assistance　政府開発援助）支援の村を視察するため、ネパールなどの村の健康状態を調査し、報告をまとめました。

１９８５年にはアフリカの難民キャンプを訪問、難民生活の現状を調査して、健康と平和を訴えてきました。

２００１年にはアメリカの５００人の聴衆を前に、日米の肥満問題をアメリカの研究者と討論するシンポジウムにも参加してきました。

そんなわたしが今回インドネシアを訪れたのには、二つの目的がありました。

第一の目的として、インドネシアと日本の間にある温度差を、埋めることができたらという想いがあり、このことに一歩近づいていくことにありました。

インドネシアは、アジアの国の中でもっとも親日的であると言える国です。これに対し日本は、残念ながらインドネシアのことをあまり理解しているとは思えません。そこから、両国間における温度差を埋める架け橋になりたいと思ったのです。

第二の目的は、この国が発展するなかで今後直面するかもしれない健康問題を予め予測する仕事です。

第二の目的については、インドネシアのある大学からの講演依頼があり、これを果たすことにありました。インドネシアと日本との架け橋になってほしい。その大学がわたしに講演を依頼して来たのはその理由からでした。かねてから日本とインドネシアのさらなる結びつきを願っていたわたしは、喜んでこの要請を受け入れたのでした。

こうした目的を果たしながら、インドネシアの高度経済成長とエコへの取り組み、ならびに教育におけるこの国の試みなどについても、見て回るつもりでいます。

第2章

教育

～ダルマプルサダ大学の挑戦

稀に見る親日的な大学

首都ジャカルタのあるジャカルタ首都特別州（Propinsi Daerah Khusus Ibukota Jakarta）は、インドネシアの中で一番人口が多いとされるジャワ島の中でも、もっとも人口の多い地で、約9600万人が、この地で暮らしているとされています。

州内は、北ジャカルタ市、東ジャカルタ市、中央ジャカルタ市、南ジャカルタ市、西ジャカルタ市そして、ジャカルタ北西の海に浮かぶ小さな島、ケプラウアン・セリブ県と、5市と1県からなっています。

中央ジャカルタ市は、各省庁の建物や銀行が並ぶ、ビジネスと貿易の中心で、国内および国際航空輸送のハブにもなっています。

アセアン本部やインドネシア中央銀行などもここに置かれ、大統領官邸、独立記念塔（モナス）、イスティクラル・モスク、ジャカルタ大聖堂、インドネシア国立中央博物館などもあります。

わたしが訪れたのは、こうしたジャカルタ首都特別州の東ジャカルタ市にあるポンドック・ケラパ（Pondok Kelapa）地区でした。中央省庁のあるジャカルタ中心部からは、東に十数キロメートル離れた場所でした。

ダルマプルサダ（DARMA PERSADA）大学はこの地にありました。

ダルマプルサダ大学は、インドネシア・日本友好協会ＰＰＩＪ（Perhimpunan Persahabatan Indonesia Jepang）とインドネシア元日本留学生協会PERSADA（Perhimpunan Alumni Dari Jepang）とが協力して、１９８６年7月6日に設立した私立大学です。

このＰＰＩＪによって、１９６５年11月15日に設立された日本文化言語短期大学（ＡＢＫＪ）と、ジャカルタ工業短期大学（ＡＩＤ）が統合されて、四年制の大学として、ダルマプルサダ大学は誕生しました。

当初は4学科でスタートした同大学も、今では、４学部（文学部、経済学部、工学部、海洋工学部）に加え、２つの研究科（新エネルギー基盤村落開発研究科修士課程、経営学研究科修士課程は開設準備中）のある大学院が設置された総合大学となっています。

初代学長にはシャリ・タイブ元教育文化大臣が就任し、１９８９年11月まで務めました。その後第2代から現在の第5代にいたるまで、学長を務めた方たちはすべて、かつて日本の大学で学んだ方でした。元日本留学生協会PERSADAの協力とイニシアティブによって設立されたこともあり、世界でも稀に見る親日的な大学になっています。

そもそもこの大学ができたのは、戦後の賠償補償金によってインドネシアの若者を日本に留学させるプロジェクトがあったことにその大本がありました。戦後の賠償補償で日本に来たインドネシア人の数は日本の一流大学に合計５００人以上が勉学し卒業したということです。

若きインドネシアのエリートたちは、その経験を無駄にせず、自分たちが日本で得た経験と知識、システムなどをすべてインドネシアの発展のために使おうと努力し、そうして実際に政治や経済界そして大学などの学術界でその実力を発揮し、各々のジャンルでトップになって国を牽引していきました。

そしてその流れの中で留学経験者が思いついたのが、インドネシアの国の中に、誰よりも日本を理解し、これからも日本からより多くを学び、それをインドネシアに活かす若者たちを育てたいということであり、その熱意から、ダルマプルサダ大学を作ったのでした。

わずか1年の学習で日本語堪能な学生たち

ダルマプルサダ大学では、通常のカリキュラムはもちろん、日本の知識や技能をインドネシアの発展にどう生かすかというビジョンのもと、日本の物づくり哲学や産業精神や企業家魂を学ぶことを柱として、学生たちはみんな日本語を勉強しています。

また、この大学では日本への留学のほか、日系企業での研修も頻繁に行われています。

ここで行われている日本語教育は大変優れたもので、私はそれを見てとても驚きました。たった1年しか日本語を勉強していない学生が、とても流暢な日本語を話します。すでに日本での留学を2、3年終えて帰ってきた学生なのかと思うほど、流暢な日本語でした。

たとえば、「あなたは今日、ラーメンとすき焼き、どっちを食べたい？」とAさんが質問したとします。そんな会話があるとして、ちょっと変わった教え方をしています。

ここでお金を払う人が、誘ってくれた人なのかどうかによって、答えが変わることをまず、理解しなければならない。あきらかにお金を払ってくれる人が誘ってくれる場合は、答える側は「すき焼きは大好きです。でもそんな高価なものをごちそうして頂いてよろしいのですか？」という答え方をする。

自分で払う場合であれば、それが明らかな場合は、自分の財布と相談して、「私はこれが食べたい」という選択をする。つまり日本人の言葉の中にはそのシチュエーションの中で、2通りの答えがあるということを、よく理解して会話を進めていくのが大事。

つまり、「日本人同士のあうんの呼吸の中にある、言葉にならない部分をよく理解した上で答えられる人になりなさい」ということを教えているのです。

また、たとえばある会社の中で上司から、自分が任された仕事に対して、「どうしてこのような処理をしたのか？」と聞かれた場合、英語圏であれば「私はこれこれこういう理由でこの処理の方法を選びました。それでなにか問題でもありますか？」と、相手に質問を投げ返すのが普通です。でも日本人同士の場合は「すみません。私はこのように処理しましたが、大丈夫だったでしょうか？」という、かなりへりくだったコミュニケーションになります。

日本人の場合、AさんとBさんは対等な立場ではないコミュニケーションになってしまうのが、Aさん（部下）、Bさん（上司）のコミュニケーションです。ですから、ここで使う「すみません」とは、アメリカ人の言う「アイム・ソーリー」の10分の1しか謝意のない、「エクスキューズ・ミー」に近い「すみません」です。それは「えーと」とか、「あのー」のような軽い意味の「すみません」という言葉です。

英語のコミュニケーションに親しんできた人であれば、「すみません」を潤滑油のように使う日本人のコミュニケーションはなかなか馴染《なじ》みにくいものですが、日本人同士はこの「すみません」を連発することによってコミュニケーションを滑らかにしているということを、学生たちは授業で習っていくのでした。

私たち日本人にとっては無意識でやり過ごしている会話も、こんなふうに教えたり習ったりするんだなと、驚きました。

会場には日本文化への関心を持つ学生たちが150名集まっていました。

私は将来を担う学生たちを前に、語り始めました。

最初は日本語でゆっくり話しましたが、途中から私の熱がこもり、通訳付きで話すことになりました。女子学生のうち3分の1ほどはネッカチーフ（ジルバブ）を頭に巻いていて、イスラムの国であることを感じさせてくれました。派手なメイクをする人もあまりおらず、メイクをしていてもナチュラルメイクで素直、真面目、そして熱心という第一印象を受けました。男女の比率は6対4で男性が多いようでした。

日本に熱い関心をもつダルマプルサダ大学の学生に講演する著者

なによりも鉛筆を走らせる彼らの目が輝いていることが、今の日本の大学ではあまり目にすることが出来ない光景なので、嬉しい気持ちになりました。

食事のバランスを崩してしまった先進国

講義ではまず、日本の高度成長期の話をしました。昭和40（1965）年から始まった高度成長の波に乗って、日本人の所得は今のインドネシアと同じように増え、一戸建てやマンションを買い、子どもに塾通いをさせ、そしてテレビやピアノや家電製品などを次々に買い込んで、幸せな、希望にあふれた暮らしをしてきたものの、その一方で伝統が知らない間に破壊され、伝統が破壊されるにしたがい、今まで日本人がかからなかった病気が増えてきたと話しました。

その一つが、子どもたちのインスタント食品やスナック菓子、清涼飲料水を好んで食べる習慣、特に簡単なカップに入ったラーメンなどが夕食前のおやつとして食べられていることです。

その結果、食事の栄養バランスがそれ以前の時代に比べて崩れ、コレステロール値が今では同年齢のアメリカ人より上昇し、カルシウムや鉄分が不足することとなり、貧血になる子どもたち、骨密度が低いために起こる骨折の増加や、運動能力が年々下がってきていること、筋力の低下の現象が運動嫌いな子どもたちを作り、一方では肥満児を増加させる原因にもなってきていることを話しました。

また、揚げものや砂糖、カロリーの増加、野菜不足や食物繊維不足から体が炎症を起こしやすく、炎症の一種である花粉症やアレルギー、喘息がこの10年で2倍に増えていることなども付け加えました。

つまり、生活が豊かになるとなんでも買えるために、伝統的な日本食、和食の食事を朝夜食べる傾向が減ってしまい、その分ハンバーガーやフライドチキン、ラーメンを食べる回数が増えてしまっていることを伝えるとともに、この健康障害はインドネシアの人にとって他人事ではなく、これから高度成長期に向かうインドネシアにとって、最も起こりやすい健康被害が40代以降の世代よりも、若者たちに起こりやすいので注意すべきだという話をしました。

また、日本では朝食や夕食を家族が一緒に囲む習慣も崩れ、食卓で培われたコミュニケーション能力が20~30年前に比べかなり低下してしまったことも指摘しました。

どの国の伝統的な食生活にも、そこで暮らす人たちの体力、気力、健康を養うためのエッセンスが盛り込まれているので、大家族で身につけてきたこれらの伝統や伝統食を、古くてダサいものだ、とばかにするようになると、そのしっぺ返しは健康被害と子どもたちの孤立や、コミュニケーション能力の低下を招く元凶になるかもしれないとして注意を促しました。

ただし、今のインドネシアの若者たちは、それとは正反対の好奇心に溢れ、キラキラした目を持つ若者たちでした。講演の後の質問も矢継ぎ早に手が上がり、30分以上経っても、質疑応答が終わらないほどでした。日本の大学生が外国人の講義を受けたとして、そのあとで積極的に質疑応答に参加する人がいるでしょうか？　たぶん、あまりいないのが普通ではないでしょうか。

それから私は、血糖値の安定と情緒の話をしました。昔の日本人は100人が100人とも麦ごはん、納豆、味噌汁、焼き魚などを日常食として食べていたので、血糖値は食後4時間ほど下がることなく安定していました。

ところが現在では何も食べないか、コーヒーだけ、どこかの喫茶店で飲んで終わりにする人が増えてしまい、その結果、血糖値がたかだか1時間程度までは上がるかもしれないけれども、お昼を食べるまでの2、3時間は低血糖になってしまいます。

その結果、午前10時から11時くらいには清涼飲料水や缶コーヒーを買いたくなる。これによってなんとか無理やり血糖値を上げて、頭にブドウ糖や酸素を供給する行動をとっているのです。しかし、午前中のコーヒーが手に入らない時は、この行動がタバコを吸うことによっていらだちを抑えるという行為にもなります。

いずれにしても、昔のようにしっかりした朝ごはんを食べて血糖値を安定させていれば、大脳に酸素とブドウ糖が供給され、集中力が豊かな発想、正しい決断力がもたらされていたのですが、低血糖になってしまった人は、血糖値を上げるために無理やりアドレナリンを出して肝臓に蓄えられているブドウ糖を大脳に供給しようというメカニズムが、体の中で発生します。

この結果、アドレナリンをタップリと供給した人は、苛立ちや怒りのモードに入りやすく、情緒が不安定になります。

昔の日本人に比べ、現在の日本人が非常にささくれだったり、突然怒りだしたり、笑顔が減ってしまったことは、実は食べ物と関係があるのだということを話しました。

先進国に行くと、カフェイン依存症の人が多く、これらの人がハイな時とうつの時が交互にあるので、同じ人であっても、日によって時間によって態度が変わることが特徴的であるし、一方、アフリカやアジア地域に古くから伝わっている食物繊維の多い食事を食べている人は、外から見ると粗食には見えるけれど、実際のところは非常に栄養バランスが取れていて、その結果、情緒が安定していて、優しくおおらかで笑顔が美しい傾向があることを伝えました。

インドネシア料理では、野菜を煮込みやカレー、炒めものなどで大量に使います。魚も蒸し料理や小魚のフライ、それに食物繊維の多いたけのこやきのこ類などをよく食べる傾向にあります。色鮮やかな緑黄色野菜は、紫外線の強い赤道に近いところで暮らしている人たちが、紫外線の酸化力に負けないための抗酸化力を、それらの色鮮やかな野菜から手に入れているということも合わせて話しました。安価なフードコートのようなところで食事をしても、緑黄色野菜の炒めものを頼む人が多く、またその量もボリュームたっぷりなのです。

日本が出生率を高めるためには

その後、学生たちからは次から次へと日本語で質問が飛んできました。なかにはたどたどしい日本語だったりする学生もいましたが、みな躊躇《ちゅうちょ》することなく、どんどん質問を投げかけてきました。どの学生も日本の文化に大きな関心を寄せていて、回答する私の言葉を一つも聞き漏らすまいとして、実に熱心に耳を傾けていました。

ある女子学生から、「日本では共働きが普及しにくいのはなぜですか？」という質問がありました。

インドネシアの出生率は2・01人。日本は1・39人です。日本がこの数字を2人まで上昇させるのは、なかなか厳しいものがあります。今のままだとあと20～30年もすれば人口が8000万人ほどになってしまう計算です。そのために政府がやらなければならないのは、赤ちゃんが生まれたら、安心して育てられる環境や、共働きできる環境を整えることです。

質の良い保育園をたくさん作ること。2人以上子どもを生む人たちは子ども手当が15歳くらいまでしっかり払われること。これは政権政党が替わっても、やすやすと変更できないものにすること、などが大事な要点です。これらの制度をしっかりすれば、お母さん方は安心して子どもを生むことが出来ます。

また、教育費を塾に特化するのも問題だと思います。教育の補講を受けたい子どもたちや、勉強が遅れがちな子どもたちには、放課後学校の教室を開放して、地域にいる高学歴で教えるのが上手な人たち（リタイアした人々）を、国が安い給与で雇い、1日1時間か2時間の補講をすること。また、これ以外にも習字や算盤なども合わせて、放課後の教室で、お金をかけずに子どもたちが質の高い教育を受けられる機会を増やすことも大事だと思います。

めんこやかるた、トランプなど、昔ながらの遊び、頭を発達させる遊びを、小学生のうちにたくさんみんなで楽しむことも大事です。インドネシアも例外ではありませんが、子どもたちが家の中でゲームに熱中すればするほど、これらの総合的な創造性は、意外なほど発達しなくなる可能性があるからです。

インドネシアではお手伝いさんを安い賃金で雇えるというメリットがあるので、女性の社会進出は日本以上に安定的に保証されていくでしょう。そんな時に、お母さん方が手抜きをせず、楽をせず、一緒に遊んだり、本を読んだりするのは大切なことですね。

甘党のイスラム教徒が心配すべきは糖尿病

次に糖尿病に関する質問が学生たちから、いくつも出てきたことには驚きました。血糖値の話をしたのですが、インドネシアには糖尿病の人が日本よりも多数存在していることに驚きました。

イスラム教徒はお酒を飲まない分、甘党なのです。スーパーに行っても甘いお菓子が箱入りで天井まで積み上がっている光景をたくさん目にしました。子どもたちが飲むジュースも紅茶も、日本の物に比べるとずっと甘いのです。ここに糖尿病の原因がありそうです。

甘い味に対しては相当量の砂糖が使われなければ、甘く感じられない傾向があるのでしょう。これらの甘さが砂糖ではなく、代替シュガーを使ったものに早いうちから替えていかなければ、糖尿病を減らすことは難しそうです。甘いフルーツ、甘いお菓子、それにラマダン（イスラム教の断食月）明けに食べるデーツ（ナツメヤシ）も甘いもののうちに入るでしょう。これは、今後のインドネシアが国家的プロジェクトとして取り組んでいくべきテーマの一つになりそうです。

デーツには食物繊維とミネラルが含まれているので、他のお菓子に比べれば、かなりの健康食品であるといえます。しかし、すでに糖尿病になっている人たちは、デーツを5個から10個食べた後に、血糖値がどのくらい上がるのかを検査した方が良いかもしれません。

一方、糖尿病になると血液が酸化し、体中が炎症を起こしやすくなります。やはりそうした時には緑黄色野菜を大量に食べることも必要でしょう。また、ナシゴレンのような、ご飯に肉野菜炒めをのせて食べる料理も、ご飯を玄米や雑穀入りのものに替えるなどの工夫が必要でしょう。食物繊維は血糖値を低めに保ってくれるからです。

高学歴のエリート夫婦ならば、子育てと仕事を両立できるのでインドネシアの女性は幸せですが、その一方で母と子どもの絆《きずな》が弱く、お手伝いさんに子育てを任せっぱなしという問題もないわけではないので、親子、家族、そしてさらには大家族におけるコミュニケーションと愛情、しっかりとした躾《しつけ》のバランスが保たれることを望みます、ということで話を終わりました。

私の知人で、エリート家庭でお手伝いさんに育てられた女性は、生活能力について親から教えてもらえないという悩みを持っていました。

大学を卒業してから、インドネシアの日系企業で働きたいと熱い希望を持っている学生たちは、わたしの講義を難しいとは思わず、好奇心と真剣な眼差しで聞いて下さったことは本当に意外でかつ嬉しいことでした。

「今日はありがとうございました」

とわたしは言い、学生たちの拍手の中で席を立ちました。講演後の学生たちは、

「今日のセミナーは、インドネシア人にとって本当に役に立ちました。卒業後は絶対に日系企業で働きたいです」

「とても楽しかったです、ありがとうございました。できれば日本に留学したいと思っています」

などと口々に感想を語っていたそうです。

ダルマプルサダ大学での講演を通じて私が感じたこと、それは若い人たちの目がとても輝いていたということでした。

インドネシアの学生たちには、日本の学生にはない、大きな活力を感じました。そして、その姿にインドネシアの未来を見る思いがしました。

元残留学生たちが感謝の気持ちで作った大学

実はダルマプルサダ大学は、戦後日本に留学した500名以上のインドネシア人が「日本への感謝を後世に残したい」という想いから設立した珍しい大学です。現在の学長のオロアン・シアハンさんも、日本に留学した人たちの一人でした。

わたしは学生と語る一方で、このオロアン・シアハンさんがいらっしゃる学長室も訪問しました。学長に、学校設立の経緯をお伺いしました。学長は当時京都大学の工学部に学んだ理系の人でした。その後アメリカで経済学の博士号を取られ、今この大学の経営をされているのです。

「日本とインドネシアが友好を深めたいということを建学の精神にしていらっしゃるとのことで、こういう大学があるということに本当に感動し、驚きました。どんなことをきっかけに、誰が始めたものなのでしょうか」

　この問いに対し、シアハン学長は、

「27年前に、元日本留学生が、祖国に感謝の気持ちを表すために、この大学を創立しました」とおっしゃいました。

　これに対し、わたしはこう伝えました。

「日本に留学した人たちが、日本に感謝の気持ちを表したいという話には、本当に感動します。日本にもアメリカに留学したような人はたくさんいますが、感謝の気持ちを表したいという留学生は珍しいというか、なかなかいません。そういう意味で、そうした感謝の気持ちは、すごいというか、素晴らしいことですよね」

　すると、学長は、「その通りです」と、深く頷かれました。

「あの頃は戦争に負けたことで日本政府からの補償がインドネシアに対してもあったのではないかと思うのですが、インドネシアからの国費留学生に対し、日本からのサポートはあったのでしょうか」

　と、お尋ねすると、

「一番大きな金額のものとしては、賠償奨学金がありました。われわれは賠償奨学金で毎年100人が日本へ留学し、それが5年続きました」

との答えが返ってきました。

実際に日本は、1960年から1965年までの5年間に約500名の留学生を受け入れ、その費用として35億円の補償費を出しています。

「そうして留学した優秀な人たちがインドネシアの国を創り、産業を育成する中心の人たちになられたわけですね」

「そうです。その通りです」

と学長。

「そういう人たちだからこそ志が高くて、送り出してくれたインドネシアに感謝するだけでなく、留学させてくれた日本にも感謝して、ダルマプルサダ大学を創ったというわけなのですね」

と、わたしが言うと、学長はまた、

「そう、そう、その通りです」

と、にこにこと微笑んで、頷いていらっしゃいました。

ダルマプルサダ大学は、賠償奨学金で日本へ留学した若者たちが、インドネシアと日本に感謝の気持ちを表すために設立した大学だったのです。

「賠償金以外に、日本企業や日本の国から助成金とか寄付金はもらえたのですか」

と、さらにわたしは訊ねました。

「設立した時には、そういうお金はもらっていません。ただし学校が出来てからは、いろいろな設備を与えてくれた会社はいくつかありました」と、学長。

「創るときには弱冠30歳の若者たちの努力とパワーだけで建学したというのは、素晴らしいことですね。まるで幕末の志士たちみたいですね。他の国にはないことです」

と、わたし。

「その中には自分の家を売って、お金を寄付している人もいます」

と、学長は笑いながら言いました。実に素晴らしい話ではありませんか。

「大学という形にして残していただいたということは、日本にとってもこれは忘れてはならないことですね」と、わたしは言いました。

「留学した人たちは、心の底から本当に感謝していると思います」と、学長。

「近い将来、全学生が英語と日本語が話せるようになり、日本とインドネシアの発展に貢献できるようにしたいと思っています」

これを今後半年以内にカリキュラムの中で実現する、とおっしゃっていました。大学三年制、四年制、専門教科を2つ日本語と英語で受け、それも試験に合格しなければ卒業できないというシステムを実行するというのです。

つまり、インドネシア語、英語、日本語の3言語のトリリンガル化を全学生が目指せるようにするということでした。

「なぜ日本語と英語を勉強しなければならないのですか、という学生からの質問も多くあります。2カ国語を勉強しても、役に立たないんじゃないですかと質問してくる学生もいます。しかし最近のグロバリゼーションは、われわれの時代よりも大変進んでいますから、さらに必要性は高まっていると思います」と、学長。

「世界の経済事情を考えると、どの国もいろいろな国々と手を組んで合弁会社を作ったり、貿易をしたりすることは当たり前のことになります。すると、最低でも3カ国語が書けたり話せたりするのは必須の条件になり、またそのような人材は、他の人よりも会社の中で重要視されるので、結果的には高い給料をもらえるようになると考えられます。ダルマプルサダ大学は、インドネシアの他の大学に先駆けて、このような高い目標を打ち立てたいと考えています。そうすることで、より質の良い学生を集めることが出来るようになるからです」

この学長の言葉には、大学間の競争という、もう一つの視点が含まれていました。

この話は、私にとってはショッキングで、かつ新しい情報です。日本の大学もぜひダルマプルサダ大学を見習って、トリリンガルを目指してほしいと思います。日本の学生はまだ英語のレベルも他国に比べると決して高いとは言えません。ＴＯＥＩＣ《トーイック》で８００点を取っている学生でも、実際のビジネスの場所に出ると十分な英語を話せない人が多いことが問題になっています。

「日本でトリリンガルを目指すとなると、英語、中国語、を学ぶということになるでしょうね」と私。

「どこの国でも、トリリンガルぐらいは、取り組まなければいけないものと思っています。今の時代は、そのぐらいでなければ、やってはいけません」と、学長。

「本当に、その通りですね」と、わたし。

「いままでそういう方向でやってきましたが、これからもどんどん日本や世界との効果的な架け橋になっていきたいと思っています」と、学長は答えました。

　このダルマプルサダ大学の出身者が、日本とインドネシアの間により強固な友好関係を築く架け橋となって活躍する日もそう遠くないに違いないと感じました。

インドネシアの共通語、誕生の背景

インドネシアで大多数の人を占めるマレー人（正確にはマレー系の民族）は、言い換えればオーストロネシア語を話す民族のことを言います。しかし一口にオーストロネシア語といっても、民族固有のジャワ語、スンダ語、マドゥラ語、ミナンカバウ語、バリ語、ブギス語、マカッサル語、アチェ語など、多くの言語が存在し、現在でも、それぞれの地域で語彙《ごい》も文法規則も異なる583以上の言語が日常生活で使われています。

そしてこれらマレー系諸言語の共通語として生まれたのがインドネシア語で、現在のインドネシアの公用語となっています。

こうした共通言語が生まれた理由は、15世紀から16世紀初頭にかけて、マレー半島南岸との交易の中で用いられた商業用語にあるとされています。実際インドネシア語は、9割までがマレーシア語と共通する言語とされています。

インドネシア語が公用語であり、国語であるといっても、日常で話す人の数は、2億4000万以上もの国民の中で、3000万人程度とされています。しかし、国語になっている以上、首都ジャカルタに出稼ぎに来ている人たちにとっては、インドネシア語を話せることは必須となっています。

そのため、ふだん身内や友人といった人の間では公用語を使わなくとも、第二言語として話せる人たちの数はかなり多いとされています。しかも、ふだんから2言語を操る習慣のある人の第三言語の習得能力はかなり高いと言語学者は指摘しています。日本人にはこれが逆にデメリットになっているのかもしれません。

こうしたインドネシア語に加えて、日本語と英語の3カ国語を話せる人たちがインドネシアで増えていることに、わたしはとても楽しみを覚えました。

英語についても、学生以外でも都会の人たちなら、けっしてネイティブなレベルではなくても、日本人よりもはるかに通じる人が多いとされています。

現在、日本では子どもの英語教育をどうしたらいいのか、ということがかなり真剣に話し合われるようになりました。小学校のうちから英語を学んだ方がいいということが、大きなメッセージとして取り上げられつつあります。

英語教育の新しいアプローチ

わたしが海外に行って強く感じるのは、インドネシアやシンガポール、マレーシアでも、テレビをつけると、50を超えるチャンネルを視聴することができ、イギリスのBBCやアメリカのCNNなどを朝から晩まで観ることが出来るということ。その他にシンガポールチャンネルや、中国、韓国やオーストラリアのテレビなどが様々に放送されていて、韓国語や中国語、インド語のドラマ番組には、英語のサブタイトル（字幕）がついていて、それなりに勉強になるし、楽しめるというのがひとつの特色です。

日本に帰ってくると、こうした英語環境のテレビが全くどこにも見当たらないので、この環境だけはなんとか変えてほしいと願っています。海外では子ども用の英語も、チャンネルを回せば、子ども向けの英語放送が朝から晩まで放映されています。

それに比べると日本の子ども向け英語放送（ＮＨＫ）は、英語脳をつくるというよりは日本語の説明が長すぎて、英語で話したり日本語で話したり、頭をスイッチバックしてしまうので、かえって効率が悪い気がします。

むしろ日本語を考えずに、感覚的に英語を染みこませるようにするという意味で、マルチリンガルの国際放送がいつでもテレビで観られるようにすることが、他の国々と同じ環境にするという意味からも、大切な方向性ではないかと思います。

もうひとつ深刻に思うのが、海外でビジネスをする時にあまり役に立たない、英語検定のような利権が長らく日本にはびこってきたことです。実際にこういう試験問題を作っている人が、ビジネスの最先端に行った時に、実務的なレベルでビジネスを遂行できるのだろうか？　と大きな疑問を感じます。

つまり今、大学の英語の問題を作っている人も、予備校の先生も、専門が英語でありながら実際にはビジネスの現場で英語を使って仕事ができない人ばかり。にもかかわらず、そういった人たちが英語の辞書や参考書、試験問題を作っている。

巨大な利権に群がって、そこから離れようとしないという悪習の結果、日本の英語教育が海外に比べ立ち遅れてしまっているのではないかという気がします。

いっそのこと、日本で日本人が作る一切の英語の教材、参考書、テストを止めてしまった方が、はるかに効率よく英語をマスターできるはずです。

ネイティブなアメリカ人やイギリス人が、幼児教育から大学教育までさまざまな教科書を作っています。それらを素直に体系的に取り入れた方が、問題も優しく、ドリルも繰り返しが多く、わかりやすい。必ず実力がついていくのは間違いありません。

英語はタブレット型コンピューターなどを使えば、ネイティブの英語をそのままそっくり覚えるのは難しくないので、もっと効率よく子どもたちの英語力をネイティブ並みに引き上げていく時代に来ているということを痛感します。

現在では安い料金でアルバイトを使って、フィリピン、シンガポール、その他の国々の人に英会話を習うのもトレンドになってきています。これは良い傾向でもあると思います。

第3章

エネルギー分野での日本とインドネシアの関係

脅威の成長力を持つ作物とバイオマス

世界の国々にとってのエネルギー戦略は、その国のGDPを安定的に押し上げるための必須の戦略となっています。いかにしてコストの安いエネルギーを安定的に供給できるかということです。日本の場合は原子力エネルギーと火力発電、水力発電、それに最近では再生可能エネルギーとして、風力や太陽光《ソーラー》パネルから創り出されたエネルギーなども、大掛かりな国家のお金を投下して、エネルギー資源を一つに纏《まと》めない方向性を打ち出しています。

何か一つのエネルギーに特化してしまうことは、そのエネルギーが枯渇する、あるいは原料が高騰した時に対応できないという、国家のアキレス腱になってしまう可能性があるからです。インドネシアもその点に関しては、真剣にエネルギー戦略を考えている国家です。

インドネシアは日本以上に豊かな天然資源に恵まれている国です。天然資源としては、金《きん》、錫《すず》、石油、石炭、天然ガス、銅、ニッケルなどがあります。このうち、石炭については日本がインドネシアからの第2位の輸入先になっています。また、天然ガスも全体の10％程度をインドネシアから輸入しています。

第二次大戦中、日本はアメリカ、ヨーロッパから石油が輸入できなくなったので、石油を求めてインドネシアを植民地としていたオランダ軍と戦った歴史がありました。しかし現在ではインドネシアの石油もあと10～20年分で枯渇するということになり、石油の輸入国になっています。

もちろん自国で採れる石油を国内消費に回してはいますが、それだけでは十分ではないということです。

中産階級が増加すればするほど、必然的に電力の消費量は上がるので、それに比例して石油の消費量も増えていきます。インドネシアでは現在、全エネルギーの2分の1を石油に依存している状態で、それを2025年までの間に、石油依存を25％、自然エネルギーを25％、天然ガスを20％、石炭を30％という構成比にシフトしていく国家戦略を描いています。

ここでは原発に頼らないエネルギーの確保、という方向性を打ち出していることでも大変しっかりしたビジョンを持っていると言えるでしょう。

現在、インドネシア国内のガソリンの値段は、リッターあたり100円前後です。この値段はアメリカや中国とほぼ同じ、日本よりは安いというところですが、オートバイを利用し、日々の生活をガソリンに依存している一般市民にとって、少しでもガソリン価格が上がることはインフレに見舞われることになり、それだけで大統領選など選挙の結果にも影響を与えることになりがちです。

これまでは政府がこの100円のガソリン価格の40〜50％を補助金でサポートし、約半額でガソリンが一般大衆の手に入るようにしていましたが、2013年の6月からこの補助金を一部削減する方針を打ち出しました。これだけでもエネルギーの生活への影響が非常に大きく反映される国になっています。

そこで今、熱い注目をもって基礎研究がなされているのが、バイオマスエネルギーなのです。

このエネルギーの分野でも、日本はインドネシアと大きな関係を持っていました。日本はインドネシアと手を組み、未来の新たなエネルギーを作る協同開発チームを発足させています。

このエネルギーについて調査するためにわたしがダルマプルサダ大学の次に向かったのは、チビノン（Cibinong）という町でした。

インドネシアで一番人口が多い島であるジャワ島は、バンテン州（Banten）、西ジャワ州（Jawa Brat）、中ジャワ州（Jawa Tengah）、東ジャワ州（Jawa Timurl）の4州に、ジョグジャカルタ特別州（Daerah Istimewa Yogakarta）とジャカルタ首都特別州があります。

わたしが次に向かったチビノンという町は、このうちの西ジャワ州にあります。州の下には県が置かれていて、チビノンはボゴール県（Bogo）にあります。首都ジャカルタの中心部からは、50キロくらい南に下ったところにありました。

周囲は地平線まで広がる緑の畑でした。実は未来のエネルギー原料となる、日本で品種改良された新たな作物が栽培されているというのです。一見何の変哲もないのどかな農村を眺めながら、果たしてそれはどのような植物なのか、私は大きな興味を抱いて向かいました。

わたしを待っていたのは、この地で未来のエネルギー作りに邁進している、㈱シスウエープホールディングス・インドネシア、プロジェクトリーダーの杉山文彦さんという方でした。この会社は、２０１２年に設立された神奈川県川崎市にある会社で、バイオエネルギー事業に取り組んでいます。

その杉山さんの目の前ですくすくと育っていたのは、未来のエネルギー原料になるスーパーソルガムという植物でした。

ソルガム自体は、実は日本でもすでにカタキビの名前で雑穀として販売されている作物です。

日本では決してポピュラーとは言えない穀物ですが、実は世界的には、子実《しじつ》型と呼ばれる実を食べる品種の中では、コムギ、米、トウモロコシ、オオムギに次ぐ五番目の栽培面積を持つ穀物なのだそうです。

スーパーソルガムは、このイネ科のソルガムを何種類も掛け合わせて品種改良したものなのだそうです。

品種改良で大事なのは、それぞれのソルガムが持っている個性の中で最も優秀な個性を寄せ集めるということです。まずここで求められているのは、

（1）早く大きく育つ、（2）水がなくてもたくましくて枯れない、（3）糖度が高く、アルコールが作りやすい、（4）ソルガムの中に乳酸菌をたくさん含んでいる。

これらの4つの個性を作り上げたのが、スーパーソルガムと呼ばれる品種改良品です。

スーパーソルガムは、種を播いたら、雨水だけで4カ月後には、5メートル以上もの高さにもなるという特徴を持つ作物です。

さらに一度刈り取っても放っておけばまた育ち、年間最低3回は収穫できる驚異的な成長力を持っているのだそうです。

わたしがなぜこの地を訪れたかというと、このスーパーソルガムがインドネシアのエ

ネルギー問題に密接に関わっていると聞いたからでした。

「なぜこの植物がインドネシアのエネルギー問題と深い関係にあるのでしょうか」と、わたしは杉山さんに訊ねました。

「このスーパーソルガムをカットし、茎の中の液を搾り出しますと、その搾り出した搾汁液には糖分が含まれています。その糖分を発酵させてエタノールが作れるからです」

と、目の前の大地に生えているスーパーソルガムの茎を指さしながら、杉山さんは言いました。

「つまり、搾汁して、その後に蒸留し、発酵工程を行うことによって、エタノールが生まれ、それがエネルギーになるのです」と、杉山さん。

つまり、スーパーソルガム茎の液体に含まれる糖分を発酵させ、蒸留することによって、バイオエタノール燃料が取り出せるというのです。

スーパーソルガムがエネルギー問題と関わりの

スーパーソルガムの栽培現地で説明を聞く著者

ある理由、それは茎から採取できる液体にあったというわけです。

私が見たスーパーソルガムは、茎の長い実のついていないサトウキビのような植物でした。1列に並ぶソルガムは50メートルくらいの畝《うね》の中に天に向かって伸びていました。茎はだいたい3センチくらいの太さです。実際に工場で搾汁液をカップで試飲してみると、液の色はうすい黄緑色で、青臭さの残ったサトウキビの搾汁液とほとんど同じような味でした。

地域循環型経済を目指して

スーパーソルガムにはもう一つ、優れた特徴があります。

それは搾りカスまで使えるということです。

スーパーソルガムには乳酸菌が多く含まれるように交配設計されています。ですから、液体を搾った後のバカスは、牛の飼料として使うことができるということです。

液体を搾った後のバカスは、牛が食べやすいように細かくカットして飼料にしますが、このスーパーソルガムの餌を食べた牛の糞の中には大量の乳酸菌が含まれています。

この乳酸菌は、実は2つの良い特性を持っています。腸内細菌も乳酸菌が多くなると、流行性インフルエンザなどのウィルスに対しても非常に強くなり、病気にかかりにくくなります。

最近流行した豚インフルエンザなども、もし、飼料にスーパーソルガムのバカスを加えていたなら、十分防ぐことも可能と考えられるのです。また、牛の糞の中に乳酸菌が大量にあるということは、糞を発酵させやすい。しかも発酵したときに腐敗発酵という悪い方向に傾くのを抑制できます。

牛の糞を積み上げておくと、ハエが大量発生しますが、これは牛の糞が腐敗発酵した時に見られる現象です。しかし、糞の中に乳酸菌が大量に入っていれば糞にウジが湧いたりハエが集まったりというような、近隣から苦情が来るような悪臭の発生は起こりません。これこそがスーパーソルガムの優れた利点といえるでしょう。

これらの牛の堆肥は、生活の中で出てくる台所の生ごみの水分を十分にカットしたものとヌカを混ぜて、2~3カ月も置いておくと、最高の農業用の堆肥になります。その結果、野菜の生産に化学肥料を使う必要も、農薬を使う必要もなくなってくるのです。

生命力の高い野菜、つまり良い堆肥で育てた農作物は、それ自体の生命力が強く、トマトやきゅうりなどは、大きく育つだけでなく本来の生命力を発揮するので、野菜の匂いが強く、甘い。さらに美味しいという、食べる人間にとっても嬉しくなるような個性が出てきます。さらに、野菜の匂いそのものは病害虫の忌避剤でもあるので、虫がつくこともなくなります。一石三鳥とはまさにこのことでしょうか。

そして4番目の個性について言うならば、スーパーソルガムの搾汁液を発酵させて、アルコールを採った残りのカスといえるタンクの中に溜まった液体は、発酵系微量栄養素、ミネラル成分、ビタミンが多く、これ自体が動物や植物にとっても優良な餌になるのです。したがって、まったく捨てるところがないのが、このスーパーソルガムシステムです。

このシステムを開発しているインドネシア科学院、エネルギー部門担当のバンバン・スピアント博士は、村の将来像を頭の中で描きながら嬉しそうに話しました。

「1年以内に、この場所から新しい循環型経済の発展を目指す、スマートシティを作りたいのです。まず、スーパーソルガムを植えるための農地を確保するでしょ。その真中にアルコール発酵からアルコールを取り出す工場を作りますよね。そしてその周りの農家には、牛や豚、鶏を飼わせる。バカスを餌にした畜産農家を組み込んでいきます。でもこれだけじゃ終わらないんです。有機農法の野菜を作れるし、タンクの培養液の薄めたものを池に流せば、エビや魚の養殖場が出来るのです。こうしてひとつ以上の産業が組み込まれ、そこに関わった農家や水産業の人たちが今よりも多くの現金収入が得られる豊かな農家に変わっていく。そう考えるだけで嬉しくなってしまうんですよね」

インドネシアでは全人口の4割が農業就労に関わっています。この国の発展には農業が欠かせないことになります。その人たちがこのスーパーソルガムを栽培することによって、新しいエネルギーが生まれることになります。

そこでは当然雇用が生まれ、地域の経済が活性化することになります。この循環こそが、21世紀型の農畜産スマートシティです。

「農家の人たちは喜んでスーパーソルガムという未知の植物を作ってくれるのでしょうか？」と、私は博士に質問を投げかけました。

「それは簡単ですよ。政府として1ヘクタールあたり、年間3回の収穫に対して、全量を決まった価格で買い上げると約束すれば、みんな喜んで作ってくれることは間違いありません。だからこの実験農場で成功するということは、3年、5年以内にインドネシア中で、アルコールというバイオマスエネルギーを大量生産できるシステムを作れるということになるのです」

「一つの地域の中にプラントがあって、そのプラントの管理や運営もその地域の人が行い、収入が得られる。すべて地域の中の人たちが仕事として取り組むことによって、農作物の栽培ができて、堆肥の製造ができて、アルコールの製造ができて、収益が出る。

地域が活性化するというのは、一番正しい方向ですよね」と相槌を打ちました。

もし日本がインドネシアのように暑い国であったなら、ぜひともスーパーソルガムを全国規模で育てて、地域循環型の素晴らしい社会を作りたいものだと、夢見てしまいたくなるほど、素晴らしいアイデアです。でも、残念ながらこの植物は沖縄やインドネシアなどの暑いところでないと早く高く成長しないし、また糖分も茎の中に溜まらないのです。

杉山さんの会社では、循環型地域経済による地域社会の発展を目指し、再生可能エネルギーの生産と利用による地域経済の発展、地域行政の充実、ビジネスインフラの統合を実現する町づくりを推進しているのだそうです。そうした循環型地域経済による町づくりを「スマート構想」という名称で提唱しています。

太陽光発電や地熱発電など、多くの再生可能エネルギーは、メーカーや電力会社に収益が偏りやすく、地域に還元しづらい点があります。また、生産に大規模な投資を必要とするケースも多く、大規模地域でないと採用できない傾向にもあります。

これに対し、バイオマスを利用したエネルギーは、生産についても利用についても、地域に収益を還元しやすく、地域規模に柔軟に対応できるというメリットがあります。

地場でグリーンエネルギーを生み出していくことは、地元に新たな産業を生み出し、新たな雇用を作り出していくことになります。たとえエネルギーを生み出すためにコストがかかったとしても、そのお金は遠くのまったく関係のないところに支払われるのではありません。小さな行政、町や村のコミュニティーの中に支払われることになるので、すぐに循環して、その地域に住む多くの人たちにメリットをもたらすことになります。

小さな自治体の中で、周囲の自然を利用し、農作物を発酵させてバイオマスからエネルギーを作る、といったことは、小さな社会の中で行うからこそ、価値があるのです。大企業がグリーンエネルギーを次世代の産業にしようと乗り出し、地方に施設を作っても、材料を遠くから運ばなければならなくなります。大規模に行うだけに、そうしなければ材料が足りなくなってしまうからです。そして遠くから運ぶには運送費がかかります。日本国内の企業でも、結局ガソリン代が嵩《かさ》むことで赤字になり、撤退してしまった企業もあります。

この地域循環型の電力、エネルギー生産は、遠くから作物を輸送してくる必要がない分、エネルギー生産原価が目に見えないところで削減されているのがメリットでもあるのです。

バイオマスは自分たちの畑で採れるものを発酵させ、エネルギーとして作り上げていくものです。バイオマスを通じ、交通や輸送手段を効率化し、生活と社会を変革しようとする試みです。

わたしは、これまで日本においても、地方が政府からの補助金や財政支援に頼り切ったやり方をせずに、産業を活性化させていくためのテクノロジーを取り入れ、自分たちの独立を真剣に考えていくことの必要性を訴えてきました。

日本でも、今後はエネルギー政策を外に任せるだけではなく、小さな地域行政の中で、グリーンエネルギーとして利用できるものを利用していくこと、地場でグリーンエネルギーを生み出していくことが、地方が生き残っていくためのテクノロジーだと思います。

インドネシアは、土地による収量差が大きい土壌を持った農業国です。1億970万人の就業者人口のうち、農業従事者が圧倒的に多くなっています。そんな背景から、今インドネシアでは、スーパーソルガムを使って地域循環型経済のサイクルの歯車を廻し出そうとしています。

1億1740万人いる労働人口のうち、6・56パーセントの失業者（グラクソ・ウェルカム・インドネシア労働組合によるデータから算出）や半労働者、半失業者にとっても新たな雇用を生み出すことにもなるかもしれません。

スーパーソルガムは、新たな収穫の可能性を秘めている作物ということができます。しかもスーパーソルガムは利用についても広範な可能性を秘めています。

目の前の大地に広がるスーパーソルガムの緑の畑――この畑が未来のエネルギーを生み出す油田となる日もそう遠くはないだろうと感じました。

沖縄の栽培業者との出会い

話は前後しますが、そもそもインドネシア科学院イノベーションセンターのバンバン・スピアント博士が、日本の沖縄で栽培実験をしていた株式会社スーパーソルガムとどのようにして出会ったのか。この不思議な縁のキッカケはなんだったのかを聞いてみることにしました。

キッカケは２０１１年の夏のこと。スーパーソルガムの会社の社長がわざわざインドネシア科学院まで来て、博士を口説き落としたそうです。

日本の沖縄というところでスーパーソルガムという画期的なソルガムを育てている。高糖度なので1年に2回から3回収穫できて、収穫量はサトウキビよりもはるかに大きい。その結果、このスーパーソルガムから、サトウキビよりも、トウモロコシよりもはるかに収量の高いアルコールを得ることが出来るはずだ。できるだけ早く沖縄まで来てその目で見ていただきたい、と説明したのです。

そこで博士は早速沖縄に出かけ、スーパーソルガムをその目で確かめました。5メートル以上もあるスーパーソルガム。これなら絶対いける、と彼は直感で判断しました。

バンバン・スピアント博士の凄いところは、日本で官僚と名のつく人たちが海外で様々な素晴らしいものを見ても、実行に移さず時間だけが経っていくという、官僚独特の行動パターンを取らなかったことです。そして、この小さな無名のベンチャー企業の取り組みを、何の偏見もなく、一緒に共同開発するという素晴らしい決断を下しました。新しい取り組みには失敗がつきものだから、一流企業とだけ一緒にやりたい、と考えるのが日本ではよくあるパターンなので、私はその点にも惹かれました。

彼は即断即決で、翌年の同じ時期にはチビノンにイノベーションセンターを作り、スーパーソルガム栽培の実験を開始したのでした。それから1年も経たないうちに素晴らしい成果を得て、多くの収量が得られることを実証し、そしてその次のステップへ羽ばたこうとしているのです。

現在のシミュレーションで計算すると、1ヘクタールあたり430トンのスーパーソルガムが採れ、その結果からすると、約1万8000リットルのバイオエタノールが作れることがわかってきました。さらに上手にスーパーソルガムの栽培密度を高めていけば、2万リットルくらいまでいけるかもしれないと試算されています。

サトウキビを原料にした場合のバイオエタノールの生産量は、だいたい1ヘクタールあたり6000~7000リットルですが、スーパーソルガムではその約3倍の生産ができることになります。

こうした画期的なものに出会った時、スピアント博士のように短期間で実行に移し、拡大生産する勇気や決断力と実行力を持つことは何より大事なことですが、日本のバイオや再生可能エネルギーの取り組みを見ていると、未だに大車輪の動きを見せていないのではないか、と考えます。こんな時に決断力のあるリーダーが地方に現れることを何より期待したいです。

ひとりの科学者であり、公務員であるスピアント博士の実行力により、このプロジェクトが大きく前進しているということは大変嬉しいことです。

そして今、そのバイオエタノールの収量が多いことから、このプロジェクトはインドネシアだけでなく、周辺諸国にも大きなインパクトを与えつつあります。メキシコ、ベトナム、タイ、そして畜産大国オーストラリアの農場などです。

オーストラリアは、バイオエタノールに対する熱いまなざしだけでなく、高品質で安定供給が可能な乳酸発酵飼料（ソルガムを少し発酵させたもの）の使用を検討中です。こうした餌によって、畜産の健康が保たれ、しかも肉質が良くなることは間違いないからです。

エコへの取り組みとスーパーソルガム

杉山さんのいる株式会社スウェープホールディングスは、2012年7月に大統領直属のインドネシア科学院（LIPI）とスーパーソルガム栽培並びにエタノール製造に関する共同研究協定書を取り交わし、同年12月には、インドネシア科学院の新バイオエタノール研究所が完成し、スーパーソルガムの実験を行ってきました。その実験結果を踏まえて、インドネシア全土でのソルガムの作付けを目指しているのだそうです。

「今回スーパーソルガムを日本で見て、インドネシアに導入しようと思ったキッカケは何だったのですか？」と、わたしはスピアントさんに質問しました。

「5年前から石油やガソリンに代わるバイオエネルギーを研究しているのですが、なかなか企業化できずにいました。最初のうちは、インドネシアにあるバイオエタノール研究は、原料としてキャッサバという芋を使っていました。いろいろなバイオマスがありますが、国際的に、食料に使えるものはできるだけエネルギー資材に使わないで欲しいという意見が強くなり、研究は暗礁に乗り上げていました。5年間も研究したのですが、やはりキャッサバは材料としても価格が高いし、問題が大きいという結論に達していました」

インドネシアでは、バイオエタノールの生産量で東アジア・ナンバーワンを目指し、その目標を達成するために、キャッサバ、サトウキビ、パームの3種類で実験に取り組んできました。

バイオマスを利用したエネルギーは、生産と利用の双方において、地域に収益を還元しやすく、狭い地域でも柔軟に対応できるという大きなメリットがありますが、反面、食糧との競合により他市場の価格高騰を招くという課題があります。アメリカでトウモロコシをバイオエネルギーにしようとしたところ、トウモロコシの価格が一気に上がり、トウモロコシを用いた食品すべての価格が跳ね上がったのは、わたしたちの記憶にも新しいところです。

そこで食糧との競合を、量的な問題で解決することが求められることになります。

「そこで、たまたま日本からスーパーソルガムの話が舞い込んできて、着目したということですね」と、わたし。

「そうです。年間400トンという、すごい生産量になるスーパーソルガムの話が舞い込んできたのです。わたしは早速日本に出かけ、一応沖縄で実験も見学しました。そこで高さが5メートルぐらいになったのを見て、すごいなー、これだったらインドネシアでなら7メートルくらいに育つのではないかと、そう思いました」

と、スピアントさん。

驚異の成長スピードを持つスーパーソルガムは2008年、沖縄県の農業ベンチャー、㈱アースノートが管理法人となる研究コンソーシアムが、東京大学、名古屋大学、東京農工大学などの日本の大学の各研究室と一体となって、ソルガムの潜在能力に注目し、共同で研究開発したものでした。

イネ科のソルガムを掛け合わせて「より大きく巨大に」、また、多くの量のエタノールを採取するために「より糖度を増し甘く」品種改良した日本初の期待の作物でした。日本とインドネシアの関係は、教育や学業だけではなく、生活に必要なエネルギーの分野でも大きな関係を持っていたと言えます。

日本の研究チームによる沖縄やベトナムでの栽培実績に基づけば、気温や降雨量など、ソルガムの生育に非常に適しているインドネシアでは、地域によっては、一度の播種で2、3回収穫が出き、1年を通じて合計およそ1万8000リットルのバイオエタノールを製造できる可能性がありました。

そこで、新バイオエタノール研究所では、従来のキャッサバ、サトウキビ、パームに加えて、スーパーソルガムのバイオエタノールの生産比較を行ってきたのだそうです。実験結果では、トウモロコシ、キャッサバ、サトウキビなどの既存のバイオマスに対し、スーパーソルガムは、連作障害がなく、5倍から10倍のバイオエタノールの収量獲得が可能なのだそうです。これを1ヘクタールあたり1回の収穫で採取できるバイオエタノール収量に換算すると、小麦なら952リットル、コメなら1806リットル、メイズ（トウモロコシ）なら1960リットル、キャッサバなら2070リットル、サトウキビなら6000リットルなのだそうです。

一番多くバイオエタノールが採れるとされるサトウダイコンでも5060リットルなのだそうですが、これに対しスーパーソルガムは1万8000リットルも採取できるとされています。

この圧倒的な生産量は、食糧とバイオマスエネルギーとの競合問題を解決するのに、ふさわしい数値であったと言うことができます。

スーパーソルガムの脅威の成長力

わたしは質問を続けました。

「インドネシアでは、石油が安く、1リットルあたり50円、0・5ドルで買えると聞いていますが……」

「はい、インドネシアでは、それくらいの値段でガソリンが買えます。しかし、その値段で買えるのは、実はインドネシア政府が、ガソリンに対しては約50％を補助しているからなのです」と、スピアントさん。

「そのままの価格でガソリンを売っても、オートバイに乗っている人には買えないため、オートバイに乗る人には補助金を出すことで、ガソリンを買えるようにしているということですね」と、わたし。

「そうです。ですが、インドネシア政府はこのことで補助金が嵩み、実は困っているのです」と、スピアントさん。

インドネシアでは交通渋滞がひどく、その通勤はバイクと車が中心となっています。ガソリンはいわば生活必需品です。

このガソリンの料金を1リットル50円と低く抑えるため、政府は補助金を支払っています。しかしこの補助金が政府の財政を圧迫してきました。

さらにインドネシアでは近年、石油の消費量が生産量を上回っています。原油に代わるエネルギーの確保は緊急課題となっていました。

「スーパーソルガムは非常に安く生産できると聞きました。オートバイを走らせるのにバイオエタノールが1リットルあたり10円から30円になると凄いですね」と、わたし。

「そうです。その通りです。スーパーソルガムとガソリンを混ぜて、1リットルあたり50円か60円くらいの値段で走れるようになれば、それが理想です」と、スピアントさん。

「補助金なしでも、みんなが燃料を買える値段になれば理想で、そのことがバイオエネルギーに関して、一つの答えになるということですね」と、わたし。

「その通りです」と、スピアントさん。

インドネシア政府は、2025年までに、国内で使用するエネルギー供給量の25パーセントを、再生可能エネルギーで満たすことも定めています。

スーパーソルガムからは1ヘクタールで5世帯分の年間電力量を賄えるエネルギーが採れるそうです。インドネシアでは、今回スーパーソルガムの生産量に関し大きな目標を定め、50万ヘクタールまで拡大するとのことでした。

インドネシアのエネルギー計画と日本企業の取り組み

現在日本国内では、バイオエタノールをリッター20円から30円で作るという画期的な試みはまず実現不可能といえるでしょう。しかしインドネシアのこのバイオエタノール生産を真似して出来上がったバイオエタノールを安い値段で買い入れ、それをガソリンに混ぜて自動車を走らせる方法は大いに可能性があります。

また、沖縄などを中心にスーパーソルガムの栽培を積極的に推し進める、もしくはタイやミャンマーなどの広大な過疎地に日本独自のスーパーソルガム農場とプラントを建てて、安いバイオエタノールを生産し、それを日本に輸送する。そうすることで、石油の輸入量を減らすことが出来るというメリットが出てきます。

なにしろエネルギーコストを下げることは、エネルギー戦略としてどの国にも大切なことだからです。

現在、インドネシアの発電比率は、石炭40％、石油20％、天然ガス23％、水力7％、地熱6％となっています。

こうしたエネルギーの内訳のうち、現在国内のエネルギー比率において20％を占めている石油の代替として、将来的にはスーパーソルガムで10％を賄うことを目標としています。

スーパーソルガムと並んでもう一つ、インドネシアの再生可能エネルギーとして注目されているエネルギーがあります。それは地熱発電です。

地熱発電は、世界的に地球温暖化の問題が叫ばれるなかで、CO_2排出量が少ないものとして、地球環境の保全という点で大きく期待が寄せられているエネルギーです。

インドネシアは人口2億4700万人、そしてこれから電力の需要は、産業が発達するに従ってますます大きくなることが予想されます。

電力を十分に供給できなければ、今までのように地域で停電が起こりやすいという不具合が出てきます。

これを解消していくため、インドネシアでは現在、地熱と水力に大きな期待をかけています。政府のデータによれば、インドネシアには世界の地熱エネルギーの約40％があり、これを電力に換算すると2万8000メガワットと計算されます。実際には、現在地熱として実用化されているのはその約6％です。

また一方、水力のポテンシャルも7万5000メガワットと推計されていますが、実際に利用されているのはそのおよそ8％に過ぎません。

インドネシアは日本に比べ、羨ましくなるほど豊かなエネルギー資源に恵まれています。石油、天然ガス、石炭、加えるところの水力発電ですが、それらの資源に恵まれながら、あえて地熱のような自然エネルギーの発電割合を積極的に増やそうとする意欲は、非常に未来を見通した先見の明がある国家および政治の取り組みであると考えられます。

現在、発電比率6%である地熱エネルギーを、2025年には25%に増加させ、2030年には30%に、そして、2050年には40%まで引き上げようと計画しています。

このように自然エネルギーを増加させることが、この国にとってどのようなメリットがあるのかというと、近い将来枯渇してしまうと言われている石油資源の寿命を50年くらい引き延ばせるというプラス面、それと同時に、天然ガスについては埋蔵量を自国で全部消費するのではなく、輸出に振り分け外貨を稼ぐことに使おうという考え方です。

日本はインドネシアに対し、火力発電のテクノロジーと資本の両方を提供していますが、それは、見返りとしてインドネシアから安定的に天然ガスを輸入したいという考えがあり、両国でメリットを互いに享受しあうことを目的として地熱発電の協力を行っているのです。

地熱発電の大きな可能性

インドネシアのエコへの取り組みの一つ、地熱発電について調べるため、わたしは、次にジャカルタ南東部の西ジャワ州最大の街、バンドン市（Bandung）郊外にあるワヤン・ウインドゥ（Wayang Windu）へと向かいました。

ワヤン・ウインドゥ地熱発電所は、ジャカルタ市内からは200キロ弱、スーパーソルガムを見たチノビンから大体130～140キロ離れた、西ジャワ州バンドン市南部にあります。

現在インドネシアの発電形態の中で、地熱発電は6％の比率を占めています。

インドネシア周辺は、ユーラシアプレートやオーストラリアプレート、太平洋プレート、フィリピン海プレートなどがせめぎあった地域で、環太平洋火山帯の一部を構成しています。そのため火山や地震が多く、2004年のスマトラ島沖地震、および2006年のジャワ島中部地震で甚大な被害を受けたことはよく知られています。

インドネシアは146もの活火山を持ち、その中でも、ジャワ島の最高峰、3676メートルのスメル山は世界でもっとも活動している火山の一つとなっています。

こうした火山国インドネシアは、全世界の約4割の地熱資源の量を持つ国とされています。そして地熱発電に利用できる熱水資源量は、およそ2900万キロワットで、アメリカに次いで世界第2位。地熱エネルギーの利用量ではアメリカ、フィリピンに次いで、世界第3位を誇ります。

しかし経済成長に伴う高い電力需要の伸びに供給が追いついていないために、インドネシア政府は、2025年までに、現在の発電量120万キロワットの8倍、原発9基分に相当する950万キロワットを、地熱発電で賄う計画を打ち出しました。

そうしたインドネアシアにおける地熱発電の開発計画に名乗りを挙げたのが日本企業でした。

地熱発電は地中から掘り出した水蒸気を利用した発電で、地中深くにある熱を利用して水蒸気を発生させ、その蒸気でタービンを回し、電気を発生させるという仕組みです。

地熱発電には大きく分けて、フラッシュサイクルとバイナリーという二つの発電方式があります。

バイナリー式は、地下の温度や圧力が低い場合に、アンモニア、ペンタン、フロンなどの熱媒体を用いて温水を沸騰させる方法です。

これに対し、フラッシュサイクル式は、200〜250℃の水蒸気を直接タービンに送り込んで発電を行う方式です。

地下数千メートルの貯留層にパイプを通すと、地下から200℃以上の熱水が勢いよく噴き上がり、そして、地表に出るころには水蒸気となるのですが、フラッシュサイクル式は、その水蒸気でタービンを回して発電をする仕組みです。

温泉はごく最近に都市部で開発されたものを除くと、ゼロ〜数百メートル程度の深さからお湯を取り出していて、温度も100℃未満であるのが一般的です。一方、地熱発電では1500~3000メートルほどの深さから、熱水または蒸気を取り出して利用するのが、もっとも多いケースです。

地熱発電は日本では全く注目されていないのが非常に不思議でなりません。日本列島にももちろん火山脈があり、地下2000~3000メートルでは高温の熱水が、日本中どこでも十分に供給されることは十分考えられることです。にもかかわらず、基礎研究費をみると、1980年代に制定された新エネルギー政策の中で、地熱エネルギーだけが除外され、以来まったく研究費が組まれてこなかったという大きなデメリットがあります。

したがって、ここ6、7年の間に新たに地熱発電を開発した例はなく、結果的には世界の最先端の地熱発電に比べると、テクノロジーの上で大きな後れを取っているのが現実です。

地熱発電のメリットは、なんといっても発電のために石炭や石油、天然ガスなどを他の国から継続的に購入する必要がないことです。

一度穴を掘って発電タービンを設置してしまえば、50年、100年使い続けることができ、壊れることが少ないということです。また、原子力発電所事故のような大きな災害が生じ、その後処理のために何十兆円というような巨費を投じて後処理をしたり、使い終わった原発を廃炉処分にするために莫大なお金がかかるというような、電力コストの表面に出てこない大きなデメリットがないということも特色の一つです。

現在、原子力発電エネルギーの価格は、表面的には火力発電やソーラー発電、地熱発電よりもはるかに安いと言われていますが、実際、これらの処理費はそれらのコストに入れられていないのが問題です。

現在では各種の熱電源の買い取り単価（1キロワットあたり）として地熱は27円、太陽光は42円を買い取りコストとして政府が保証するということになっていますが、実際には地熱発電の場合は15年で減価償却でき、コストが下がるので、15年経ったあとにはコストが10円を切ってしまうと考えられます。

それなのになぜ、日本では地熱発電は注目されず、捨て置かれてきたのか。そしてこれからも地熱発電に注目が集まらない。それはとてももったいないことです。しかし、日本の企業は国内で開発不可能な地熱発電のテクノロジーを、海外の地熱発電で蓄積することを目的としながら、世界的な地熱発電の熱いトレンドに乗り遅れないために、インドネシアに進出しています。

インドネシアの地熱発電には、５つの地域の地熱発電計画に対して、総額５３３億円の貸付が実行されました。このプロジェクトには、三菱重工や富士電機、東芝などが手を上げ、参加を表明しています。これら主要メーカーの地熱発電事業では、海外の大型プロジェクトに参加することによって、仕事をしながら技術開発のレベルを向上させようと頑張っています。

もちろん、天然ガスを長期安定輸出してもらうという約束が同時に成り立っています。インドネシアが世界の地熱発電の中心になるということは、日本との技術提携によって大いにあり得るのです。

熱交換型のバイナリーと比べ、フラッシュサイクル式は、建設および運用コストが安いことから、現在のところでは世界の主流となっています。

日本企業は、地熱発電用タービンで世界の約7割のシェアを持ち、フラッシュサイクル用地熱蒸気タービンの分野では、日本の重電メーカーが設備容量ベースで、実に世界の約8割のマーケットシェアを握っているとされています。

蒸気の力で大きなタービンを回して発電するという仕組みは、地熱発電でも、火力発電や原子力発電などでも同じですが、火力発電では、蒸気を作るときに石油・石炭や天然ガス等の燃料を使用します。また、原子力発電ではウランなどの燃料を使用することになります。

しかし、地熱発電では地球深部の熱によって作られた蒸気を使うので、燃料を使う必要がありません。地熱発電が他の発電と大きく異なるのは、燃料を燃やすのではなく、大地のエネルギーそのものを熱源としているという点にあります。

化石燃料を燃焼させるとＣＯ^{2}が出ますし、原子力発電では放射能の危険があります。しかし、地熱は極めてクリーンなエネルギーということができます。

地熱発電の何よりも素晴らしいことは、地上の施設を地下に埋め込むことによって美しい景観を壊すことが全くないということです。実際、このワヤン・ウインドゥの地熱発電所は、広大な茶畑の下に埋め込まれていると言っても過言ではないくらい、緑が美しいところです。何本かの蒸気がその緑の茶畑から噴き上げるのが見える以外は、ここに地熱発電所があるとは、言われなければわからないほどです。

このように、地熱発電所は国立公園の中に作ったとしても、火力発電所や原子力発電所のような大型施設を外から見ることが全くないので、それも大きな特性、プラス面といってよいでしょう。

地熱発電は地下の天然蒸気を利用しますが、その蒸気の中にはさまざまな不純物や重金属（腐食性物質）が含まれています。

そうした不純物に対し、耐腐食性のある優れたタービン製造ができる点で、日本は高い技術力を持ち、世界を大きくリードしています。

インドネシアでは、既に多くの日本企業製のタービンが導入されています。三菱重工は西ジャワ州のカモジャン（Komojng）とダラジャト（Darajat）に、富士電機は西ジャワ州のグヌン・サラク（Gung Salak）とカモジャン、スラウェシ島・北スラウェル州のラヘンドン（Lahendong）、南スマトラ州のウルブル（Ulubelu）に、それぞれタービンを導入し、稼働させてきました。

さらには、日本の商社も、ＥＰＣ（Engineering, Procurement and Construction）事業として地熱発電プロジェクトに参画しています。

丸紅は東芝と協同し、西ジャワ州のパトハ（Patuha）に建設中で、同社は、さらに２０１６年には、南スマトラ州のランタウ・デダップ（Ranta Dadap）にも地熱発電所を完工し、試運転開始を予定しています。

住友商事は、２０１２年10月にはウルブルにスマトラ島初の大型地熱発電所を完成させ、次いで２０１６年には、西スマトラ州のムアララボ（Muara Laboh）と南スマトラ州のラジャバサ（Rajsbas）にも地熱発電所を完成させる予定となっています。

また九州電力と伊藤忠は、北スマトラ州のサルーラ（Sarulla）に地熱発電所の建設を予定し、着工し始めています。

世界最大級の地熱発電所

ワヤン・ウインドゥ研究所も、こうした日本企業が開発プロジェクトに参画した発電所の一つです。

２００９年、住友商事は富士電機と協同し、この発電所の運営を統括している Star Energy Geothermal Pte Ltd.（スターエナジー・ジオサーマル社、通称スターエナジー社）から、発電設備の建設および蒸気集配システムの構築を一括して請け負って、完成させてきました。発電規模としては出力22万７０００キロワット。この時点で、日本最大の地熱発電所として知られる大分県九重町《くじゅう》の九州電力の八丁原《はっちょうばる》発電所の約2倍とされていました。

そのスターエナジー社の株式の20％を取得して、さらなるこの地熱発電所の運営・開発に参画したのが、やはり日本の三菱商事でした。同社による約5億ドル（当時約３９4億円）の資本投下により、ワヤン・ウインドゥ地熱発電所は、２０１７年までに発電規模が最大42万キロワットという、地熱発電としては世界最大級の発電所になります。

ワヤン・ウインドゥ地熱発電所は、高級なジャワティーの茶農園が広がる標高１７０

0メートルの、さわやかな高原地帯にありました。広大な茶畑の中にあって、環境にも配慮した、「世界でもっとも美しい地熱発電所」と言われている発電所です。

わたしは三菱商事のジャカルタ駐在員の小牧広宣さんに話を聞きました。

「なぜインドネシアに日本の企業が乗り出したのでしょうか」と、わたし。

「インドネシアでは第一次エネルギーの石油と天然ガスの生産量がなかなか増えないなかで、国内の消費だけが増えています。この国内需要の成長率が続くと、だいたい20年くらいまでには、国内需要だけで、国内で生産されるエネルギーはすべて消費されてしまうのではないかというところまで来ています」

「そうすると、その先に石油は無いってことですか」と、わたし。

「そうです」

「それは厳しい現実ですね」と、わたし。

「ですので、まずはインドネシアの電源供給の安定に寄与したいという思いから、地熱発電に取り組んでいます。そして、それをどんどん拡大していくことは、インドネシアにおいて、第一次エネルギーである石油をあまり消費しなくて済むというメリットにつながります。このことは日本にとってもメリットのあることだと認識しています」

「地熱でインドネシアの国内需要を賄って、その分の石油は、日本への輸出に回したいということですね」と、わたし。

「はい。そうすればインドネシアにとっても石油や天然ガスの輸出量が拡大しますので、それは当然インドネシアの利益になります。逆に言うと、インドネシアにとって輸出量が拡大することは、日本にとっては輸入できる資源量が増えることになりますから、そういう面で何とか貢献していきたいと思っています」

　杉山さんの話からわかったことは、地熱発電の開発しにくい事情のある日本で開発するのではなく、石油の輸出国で地熱発電の開発に貢献することで、その分を日本に石油を売ってもらおうということでした。

　インドネシアの原油生産量は、1991年をピークに年々減少し、2004年には純輸入国に転じています。

インドネシアの石油生産量と消費量の推移

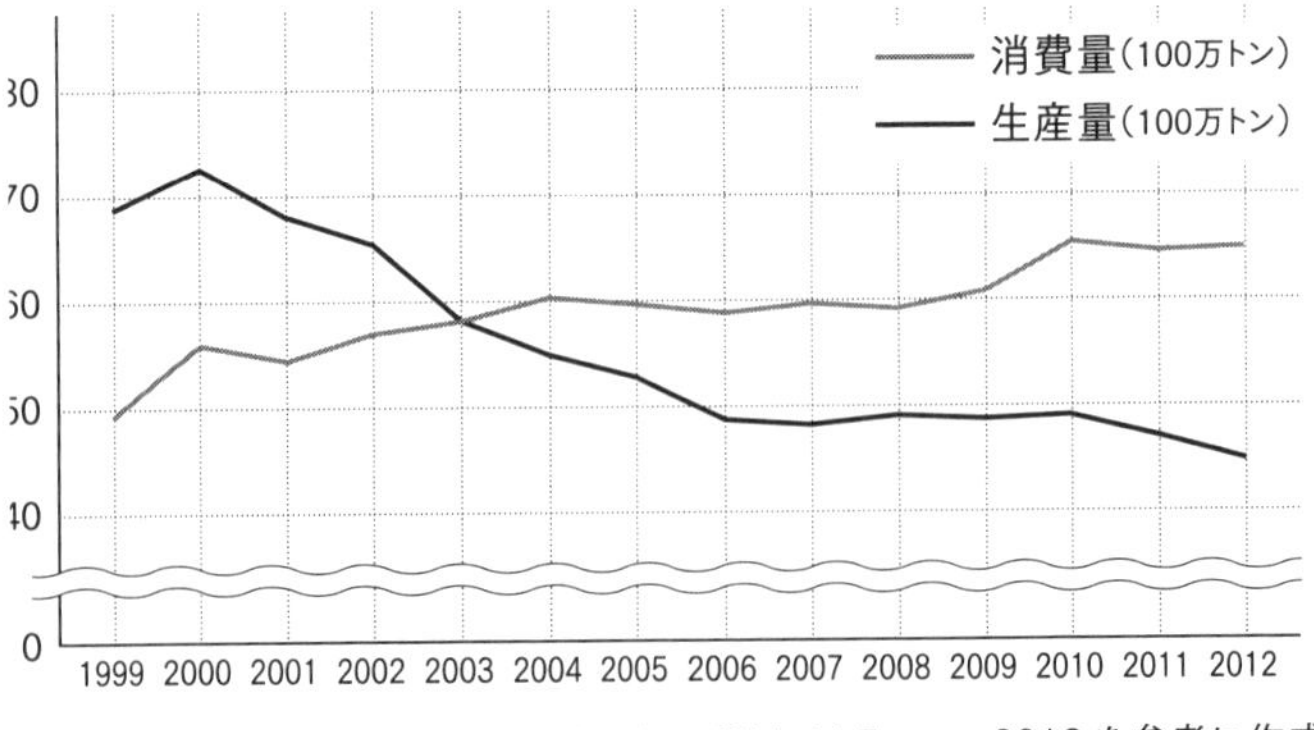

BP Statistical Reviw of World Energy 2012 を参考に作成

2008年9月9日、東南アジアで唯一のOPEC《オペック》（石油輸出国機構）加盟国であったインドネシアは、原油純輸入国となったため、一時OPECから脱退、インドネシアがアジア唯一のOPEC加盟国であったために、アジアからの加盟国が一時的に姿を消すことになりました。

インドネシアのOPECからの脱退は、当初は、将来的な新規油田開発によって原油の輸出余力を回復できた場合、再加盟することもあるとみられていました。しかし、2012年1月、インドネシアの副エネルギー相は「インドネシアは基本的に輸出より国内需要を優先する。需要が増大し、生産が減少していることから、原油輸出の停止を検討している」と発表しています。その時期は明確にしなかったものの、今後、日本がインドネシアからの輸入を増やすのはかなり難しいと言われています。

日本は、第二次世界大戦中にインドネシアに進攻したこともあり、歴史的に多くの原油をインドネシアから輸入してきました。日本最大の石油開発会社、国際石油開発帝石も、昔はインドネシア石油と名乗っていたように、戦後も日本はインドネシアで日本企業による石油開発を手掛けてきました。

特に二度のオイルショック以降、原油輸入先の多角化を図った日本は、中国やインドネシアからの原油輸入を増やし、1967年には91・2％もあった中東地域からの輸入の割合を、1987年には67・9%にまで減らしてきました。

しかし、近年インドネシアをはじめとするアジアの産油国が、原油の輸出を減らし、自国の需要に切り替えたこともあって、日本の中東依存度は再び上昇しています。

資源エネルギー庁の発表によれば、2014年2月では、中東からの原油の輸入量は、全体の82・1%を占め、依然として中東への依存度は高いものとなっています。

インドネシアからの輸入量も、第二次オイルショック後の1980年には全輸入量の15%を占めていましたが、以降年々減り続け、前述の発表のものによれば、2014年の2月には、全体の輸入量の2・5%まで下がっています（資源エネルギー庁3月31日発表の「石油統計速報（速報のみ）」より）。

割合にすれば多くはありませんが、それでも量にすれば、44万キロリットルの原油を、日本はインドネシアから輸入していることになります。

中東への依存度を減らしたい日本にとっては、今なおインドネシアは貴重な輸入先であることは確かです。

現在、インドネシアでは硫黄分などが少ない高品質原油を輸出し、安い原油を輸入して国内向けに使っています。

日本の原油輸入先（2013年度）

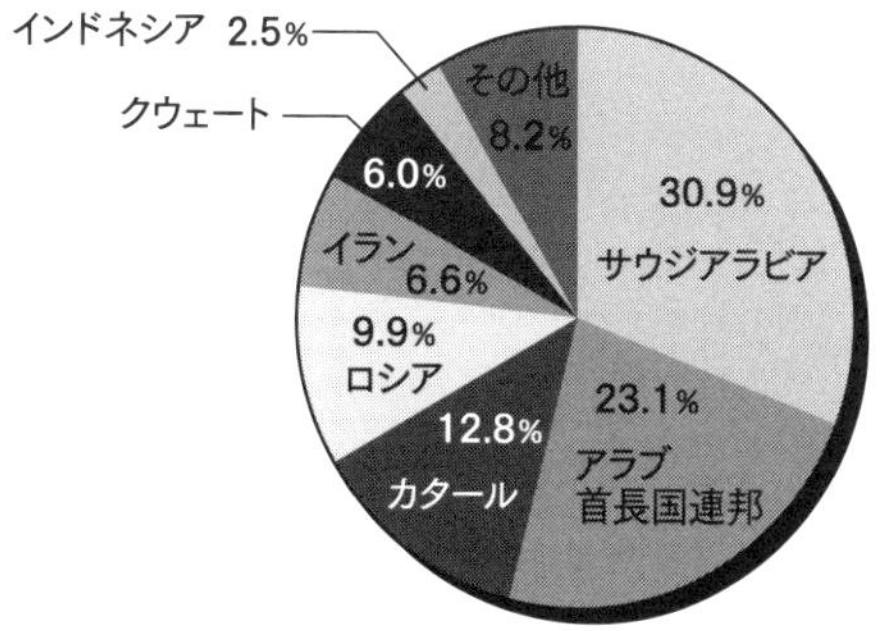

2014年3月資源エネルギー庁発表「石油統計速報」より作成

日本の石炭輸入先（2013年度）

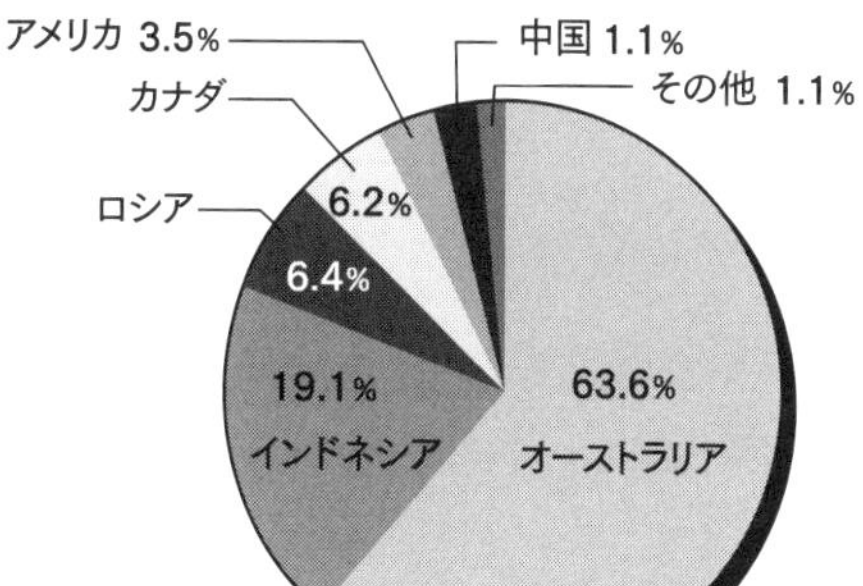

財務省貿易統計より作成

天然ガスについても、インドネシアは、2006年まで世界最大の天然ガス輸出国でした。2006年にカタールに第1位の座を譲ってからも、日本にとってインドネシアは1970年代後半以来、最大の天然ガス供給国となっていました。

しかし、2010年1月、エネルギー・鉱物資源省（MEMR）大臣令2010年第3号に基づき、石油同様、天然ガスについても生産の拡大を最優先するとともに、国内需要への対応に政策転換することを、内外に打ち出しました。

しかしその矢先、日本は2011年3月11日の東日本大震災と福島第一原発事故に遭い、インドネシアに対し、天然ガスの追加供給を要請しました。これに応えるかたちで、インドネシア政府は、翌4月から毎月40万トン以上の天然ガスを追加供給してきました。しかし、震災から1年経った2012年4月以降は、インドネシアは日本への輸出量を減らしたことから、日本はカタールからの輸入量を増やすことで賄っています。

インドネシアは、2010年までは、日本の天然ガスの輸入先の15～25％の割合を占めていましたが、年々減り続け、2011年では、マレーシア、オーストラリア、カタールに次いで第4位の11・3％、2012年にはカタール、オーストラリア、マレーシア、ロシアに次いで第5位の5・9％となっています（「BP statistical review of world energy 2013,Natural Oil」を資料として概算）。

カリマンタン島、スマトラ島等に広く分布している石炭についても、輸出量は2005年に年間1億トン、2009年には同2億トンに達していました。日本は、2008年まではインドネシアにとって石炭の最大の輸出先でした。

しかし、1993年から中国が石炭純輸入国に転じたことから、2009年には中国が、インドネシアにとって最大の輸出国となっています。

一方、日本にとって、石炭の輸入先としてのインドネシアの割合は、オーストラリアに次いで第2位の割合を占めています。

2008年には、オーストラリアの62・8％に次ぐ19・9％、2010年にはオーストラリアの63・3％に次ぐ19・0％、2011年には、オーストラリアの61・5％に次いで19・4％という高い割合を示しています（資源エネルギー庁「エネルギー白書」各年次データより）。

中東依存を脱するためにも重要なインドネシア

このように、インドネシアは日本にとって、これまで、石油、液化天然ガス、石炭などで重要なエネルギー供給国になってきました。

現在では石油の輸入量は全体の2・5%と減少し、天然ガスについても減り続けていますが、日本がインドネシアから輸入している石炭は、輸入量全体の約2割と依然として高い割合を占めています。

インドネシアは石油・天然ガスの輸出を引き締めていますが、杉山さんのお話を聞いていても、中東依存から脱却したい日本は、化石燃料の輸入先として、インドネシアに寄せる期待は大きいと言えます。

世界的なエネルギー需要の増加に伴う石油・天然ガス価格の高騰と、火力発電所の運転コストの上昇は日本においても深刻な問題です。

当然ながら再生可能エネルギーへの期待が高まっていて、地熱発電もその一つです。地熱発電は、CO^2排出量が火力発電の20分の1程度となるメリットに加え、火力や原子力のように、水蒸気をつくる大量の水も、水を沸騰させるための化石燃料も必要ありません。

地球そのものの熱エネルギーを利用し、取り出した蒸気を冷却し、水に還元した上で地下へ戻すので、いずれは枯渇する運命にある化石燃料とは異なり、半永久的に利用可能なエネルギーとして安定して電気が作れます。

さらに、太陽光発電や風力発電などの再生可能エネルギーとは違って、日々の天候や

インドネシアの発電比率（2012年）

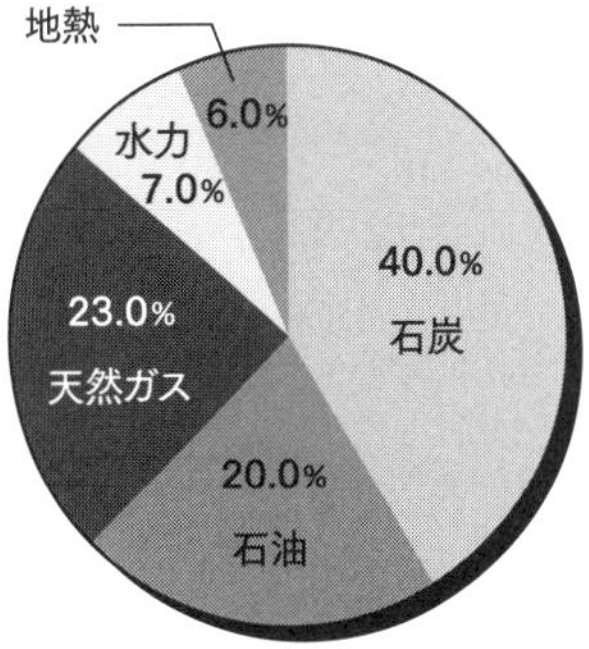

BP Statistical Reviw of World Energy 2013 を参考に作成

日本の発電比率（2012年）

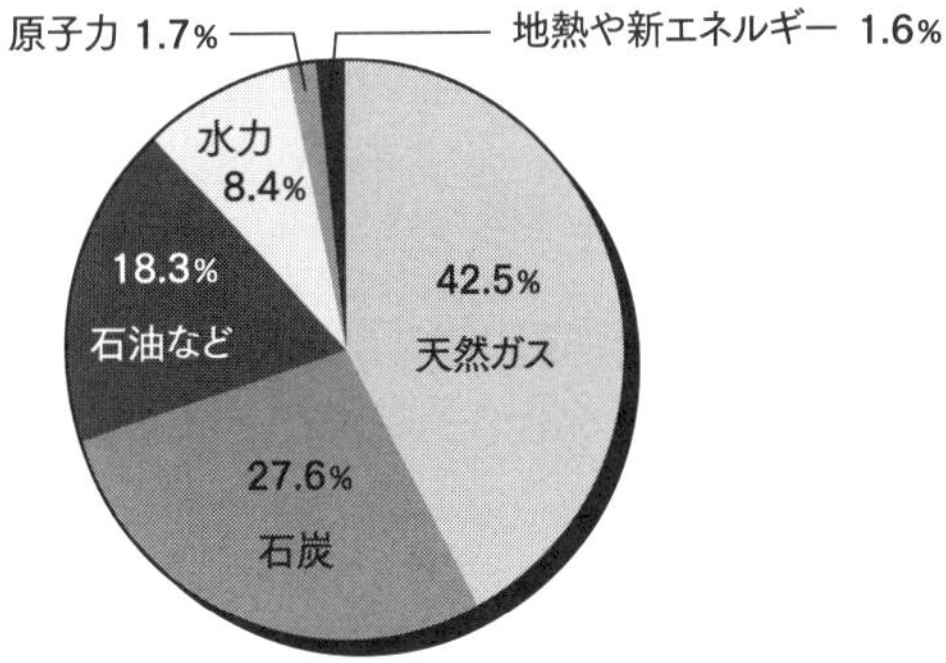

電気事業連合発表の統計（2013 年5月）を参考に作成

季節、昼夜に関係なく、24時間365日安定した発電が望める信頼性の高い発電方法です。そうしたことから、今後も地熱発電開発プロジェクトが世界中で急増することが見込まれています。

日本も、インドネシアと同じ環太平洋火山帯にある火山国です。日本の地熱資源量は、実は米国、インドネシアに次ぐ世界第3位と言われていて、ポテンシャルは2300万キロワット以上という膨大なものを持つとされています。

しかし、地熱発電所として有望な地域が国立公園などの中にあることによる規制や、温泉地付近の温泉枯渇の懸念による反対運動などから、日本では、これまで地熱発電の普及に対し、ほとんど有効な措置が取られてこなかった事実があります。

そこで、地熱発電の問題点は何なのか、ということを考えてみる必要があります。

なぜ日本では地熱発電が広がらないのか

日本では地熱発電が難しいということについて、いくつかの典型的な指摘が繰り返されています。まず第一は、コストが高いという点です。深さ2000メートルの井戸を掘る費用は、1本5億から10億円です。しかも、1本掘るのにあっという間に10年かかる。その点が大きなハンデであり、一番の障害だという説明を受けてきました。

たしかに地熱資源調査は地味な仕事で、井戸の試掘を繰り返さなければなりませんから、結局のところ、地熱発電のネックは井戸掘り代が高いということでした。井戸掘り代が高くつく最大の理由は、国内で井戸を掘る本数があまりにも少ないので、機材や、その専門家の稼働率が悪いからです。もう一つは、競争原理が働かないので余計に高くつくという理由があります。

日本国内の井戸の掘削費用は、所得水準の高い欧米と比べても、約2倍かかるということですが、このコストはたくさん掘れば確実に半分以下になることは明らかです。

現在でも、原子力発電エネルギーを全く使わなくても大型の火力発電所を多少増やしていくことでコンバインドサイクル方式の発電所で熱効率を70％程度にすれば、それだけで現在の日本中の電気エネルギーを賄っても十分余力があることがすでにわかっています。

そういった意味でも、原子力発電所は本当は要らないのです。

しかし、これだと将来問題が発生する可能性があります。

もし、石油が現在の1バレル100ドルではなく、200ドルに高騰したらどうするのか。円安が進んで1ドルが150円から200円になり、さらに原油1バレルが20

0ドルになったらどうするのか。そうなると、石油の値段は現在の4倍になってしまいます。つまり、海外に電気の大元を依存しているのは、世界情勢の変化や資源の枯渇、為替の変動などの理由で電力供給が不安定になってしまうという危険がいつも付きまとうのです。だからこそ、輸入しない熱源を利用することが大事なのです。

いま日本では、太陽光発電が非常に注目されており、1キロワットあたり42円もの補助金が出されています。しかし、熱帯の砂漠地帯ではない日本では、これによって得られる電力は小さなものです。太陽光発電の設備は長くても20年しか持たないというデメリットもあります。しかも開発コストは意外なほど高いのです。

土地が非常にたくさん奪われるというデメリットもあります。そんなことから、今後は土地を使わない洋上風力発電を検討しようと言われ始めていますが、これを1基作るのに、使われる金額はなんと数千億円と、目のくらむような税金を投入することになるのです。

1本の井戸を掘るのにかかる費用は高くても5億円程度。あまりにも違いが大きすぎるのではないでしょうか。

この井戸をさらに3000メートルまで掘り込んでいくと、必ず200~300℃といった高熱のマグマにぶち当たり、確実に熱を取り出し、新たに安定したエネルギーを供給するマグマ発電が出来るようになります。

今後は3000メートルから1万メートルの深さのマグマまで掘り進めていって、当たりはずれのない熱利用に変わっていく時代が来つつあります。

今まで地熱発電が難しいとされていたのは、実は井戸を掘っても空振りに終わる危険があったからということです。ところが、このような方法で掘られた深い井戸は、既存の温泉への影響についても考えなくて済むことになります。

温泉の水源の水を地熱発電に利用すると、温泉水がなくなってしまうという反対意見がありましたが、3000メートルから1万メートルの地下にあるのは必ずしも温泉ではなく、純粋な熱ですから、温泉とバッティングすることはないのです。

今後開発されていく地熱発電は、外側のプレートの中の熱水を取り出すのではなく、マグマの熱で管の中に予め入れてあった水を温める。それを蒸気にしてタービンを回す。これにより、マグマの中の熱水を集めるという作業が要らなくなるので、その分システムが非常に単純化されるということになるのです。

今まではタービンを回すためにプレートの中にあった熱水をかき集め、利用し、また温度が下がった水は還元井戸というのをもう1本掘って元の場所まで戻していく。つまり地熱発電のためには必ず2本ずつの井戸を掘っていく必要がありましたが、これが1

本ですむ形に変わろうとしています。このシステムを「同軸二重管システム」といいます。

このマグマから取り出す熱は、最低でも300℃の熱水を作ることが出来るものと定義されていて、1万メートルまで掘らなくても、およそ4000メートル程度の井戸を掘って二重管を挿入すれば、当たりはずれなく地熱発電が出来るということなのです。それは火山の上に成り立った日本だからこそ可能なことであり、アメリカやヨーロッパなどではなかなか難しい方法なのです。

地熱発電が広がらなかった理由の一つには、地熱利権があまり大きくなかったことが理由だとも言われています。原発をどこかの場所に設営するには、原発利権として大きなお金が動き、反対勢力と言われる地元の人たちを納得させるために、大きなお金が地元に落とされることになっています。その費用と比べた場合、地熱は大変地味で、動くお金が小さいために、推進する政治勢力もあまりなかったということもあるかもしれません。

1997年4月に、新エネルギー利用の促進に関する特別措置法（新エネ法）が制定されました。石油以外の新エネルギーを利用する事業者に対し、金融上の支援を行う新しい法律です。残念ながら、この法律では地熱発電だけが枠から外されてしまいました。

この時に外されたのは地熱と水力です。逆に脚光を浴びたのは、太陽光発電、風力、バイオマスなどでした。

それまで地熱に頑張ってきた企業が、この新エネ法の施行とともに、開発にブレーキが掛かってしまい、地熱発電は、それ以降は蚊帳の外、過去のものとして忘れ去られてしまったかのようでした。

しかし今、東日本大震災を機に国が動き出したと言っても過言ではありません。

2012年7月に施行された再生エネルギーの固定価格買取制度で、今まで無視されてきた地熱にも光が当たり、買取価格が27・3円と公表され、これによって地熱発電開発にはずみがつくようになったとされています。

地熱発電は、普通の発電に比べ、調査から運転開始まで約10年かかるというのがネックでした。が、実際には、今後の流れを考えると、地熱の可能性が再生可能エネルギーの中でももっとも安定供給できる、もっとも長期間にわたって稼働できる発電であり、同時に今後世界でもっとも注目を集めるのが地熱発電だろうという流れが出来つつあるので、様々な業種の企業がここに参入しつつあります。

この技術を日本で開発しつつ、世界に輸出できる産業技術としていくことは、国益にかなったことなのです。タービンの分野では、三菱重工、富士電機、東芝の3社で世界の7割のシェアを持っています。資源調査やその他、設備の維持管理などの技術力も高い水準を持っています。

例えばニュージーランドの地熱発電では、富士電機と住友商事がプロジェクトを引き受けていますし、インドネシアのパトハ地熱発電所では、東芝と丸紅が共同で仕事をしています。このように、従来あまり注目されてこなかった地熱発電が、今後200年にわたり日本を背負っていくと考えてもよいのではないかと思えてきます。

また地熱に関しては、このような1000メートル以上深堀していくものとは別に、簡単な設備で非常に効率のいい冷暖房を使いこなすことが可能という、もう一つの側面にも注目していく必要があります。地表から10メートルも掘れば、地中の温度は地表の温度変化に関係なく、年間を通して15℃から18℃に保たれます。

したがって、地中に管を通し、水を循環させ、ヒートポンプを使って、夏はその水を冷水にし、冬はそれを温める。これだけの作業でビル全体をエアコンなしで冷暖房に使うことが出来るのです。この方法であれば、暖房を作るときはガスでも十分に可能なので、消費電力はかなり下げることが出来ます。

この地中の熱交換でクーラーや暖房を賄う設備は非常に簡単なため、大型のビルやマンションに施工するだけで、各マンションの住人の電力消費やコストを確実に下げることが出来ます。また、持ち家でもこの設備が普及していけば、やはり冷暖房コストを約半分に下げていくことが十分に可能です。

電力需要が大きくなる夏場、もしくは冬場、これらの電力を、地中熱を利用した冷暖房に取り替えてしまえば、日本の総エネルギー必要量は3割ほど削減できるはずです。この安い冷暖房システムこそ、次なる時代のもう一つの方法として、今後住宅建築産業でしっかりと開発されていくことを期待したいです。

さらに言えば、ソーラー発電と同じようにこれらの設備を設置するマンションや自宅には半額を助成するという新しい仕組みを作ると、かなりの普及率になるはずです。エアコンは冬場に湿度を10％くらい下げるため、インフルエンザに罹患する率が高くなってしまいます。そんなことを考えると、健康上の理由からも、湿度を下げない（風を送らない）、地中熱を利用した冷暖房は、今後の世界の中で大きな産業になっていくのではないかと期待します。

今後、インドネシアでの地熱発電技術の開発や運営システム、コストパフォーマンスが、日本の地熱発電の開発に生かされる日が遠からず来ることを、わたしは心から願ってやみません。

第4章

医療～インドネシアに進出した日本の医療法人

先進の医療サービスを提供するために

エネルギー問題解決に向けて、日系企業が進出するなか、医療問題でも日本はインドネシアとパートナーシップを結んでいました。

日本とインドネシアとのパートナーシップは、エネルギー問題解決に向けた日系企業の進出だけではありません。パートナーシップは、医療サービスの問題にも及んでいました。

インドネシアでは病院の数が年々増加し、特に2011年から2012年にかけて、民間病院の数が大幅に増加して公立病院の数を上回り、2012年には公立病院と合わせ、全国で2083施設となりました。人口10万人あたりのベッド数は94・55床（2012年）となっています（JEITA「医療IT海外調査検討タスクフォースによる報告2014年1月」より）。

ちなみに、日本の医療施設の総数は2012年では10万8717施設（歯科診療所を除く）。うち病院は8565施設、一般診療所は10万1152施設。このうち入院用ベッドのある施設は9596施設（8・83％）。

人口10万人あたり85・5施設（うち病院は、6・7施設、一般診療所は78・5施設）。人口10万人あたりのベッド数は1336・3床（うち病院は1237・7床、一般診療所は98・5床）となっています（政府統計局「平成24年医療施設（動態）調査」より）。

この日本とインドネシアの人口10万人あたりのベッド数を比較すると、約15倍の差があります。インドネシアはこれから医療の大衆化、一般化を進めることが期待されている国と考えてよいでしょう。

医療施設のあり方で日本と異なる点は、インドネシアでは、初期医療については、病院よりも各地区に設置されている保健所やコミュニティー運営の保健施設が中心的役割を担っていることにあります。母子保健活動と一般的なプライマリ・ケアを行う保健センター「PUSKESMAS」には、ベッドを有する施設も多くあります。

ホームドクターとも言い換えられるプライマリ・ケアで、約75％は医療受診の問題については解決できるとし、なおかつ保健予算の抑制にもつながるので、PUSKESMASをはじめとしたプライマリ・ケアを今後も強化していく意向だそうです。

日本は、施設の総数においても、人口比に対する施設数においても、インドネシアに比べて、はるかに大きいと言えます。しかし一方において日本の場合は、入院設備のある施設は年々減少の一途を辿っています。つい最近、救急の妊婦を受け入れてくれる産婦人科の激減が社会問題となりましたが、今後はどうなっていくのか、日本の医療における課題とも言えます。

インドネシアにおける総医療費の対GDP比は、2012年では3・0%と、カンボジア(5・4%)やベトナム(6・6%)など、他のASEAN諸国と比べて決して高い水準ではありません。しかし、国内での問題で言えば増加傾向にあることは確かです。

こうしたなかで、インドネシア政府は、これまで職業によって分けられていた健康保険サービスを統一し、なおかつ貧困層をケアするために、2014年、5年後の2019年までの達成を目指し、全国民に加入を義務付けた新しい制度をスタートさせました。

これまでインドネシアでは健康保険は、公務員向けの保険(ASKES)、軍人及び警察官向けの健康保険(ASABRI)、一般民間労働者向けの保険(JAMSOSTEK)、貧困者向けの健康保険(JAMDESMAS)と、それぞれが異なった公的機関によって運営され、全国民を対象とする公的医療保険制度は存在しませんでした。保健制度はあっても、無保険者の数は、実に国民の約4割に及んでいるとされていました。

新しい健康保険制度の適用は、PUSKESMASから入り、地域病院、州病院と順次拡大させていく予定ということでした。

今インドネシアは、医療需要の増加やこうした国民皆保険導入によって、医療制度の転換期を迎えています。国民皆保険が制度化されれば、アクセスが改善されるため、通常、医療の需要は大きく伸び、地域格差の縮小も進むことになります。

2億4700万人からなる人口、しかも2035年まで人口増加が見込まれるこの国内外の製薬・医療企業は、世界最大級となります。

こうした医療事情の中で、特に挙げられる問題の一つに、インドネシアでは高度医療施設が十分でないことがあります。インドネシア国内における高度医療病院はわずか56施設にとどまり、富裕層に限って言えば、みなシンガポールに受診に行くのが普通になっています。

インドネシアには日本人向けの医療施設もありますが、いずれもローカル資本のクリニックばかりでした。日系企業としてインドネシアに

インドネシアの総医療費とGDPに対する割合

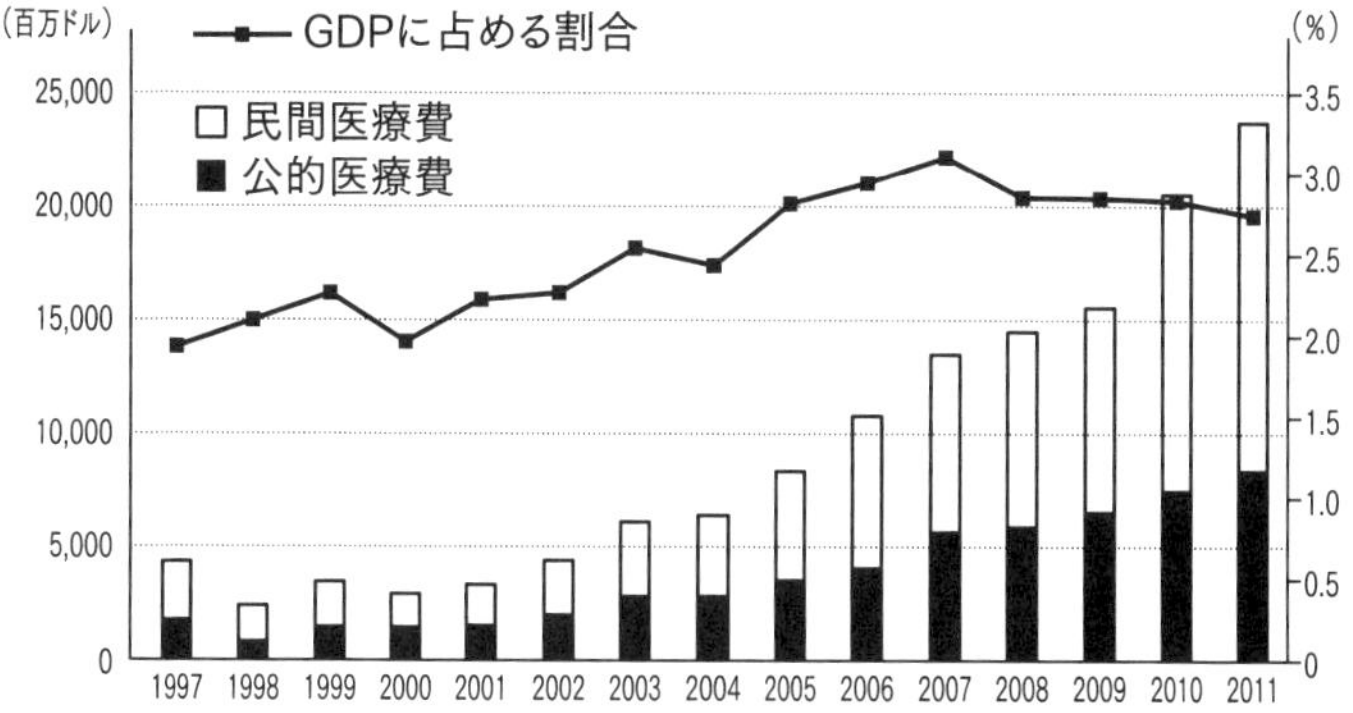

世界銀行統計より作成

病院を開設しているところはありませんでした。

経済成長の著しいインドネシアでは、医療への要求も日々高まっています。しかし、まだそれに十分応えるほどの高い水準の医療サービスを提供できる施設や医師はそれほど多くありません。

そこで、こうした問題を解決するべく、初めて日本の医療法人がインドネシアに進出するというのです。

その立地場所は、商業施設や日系企業の入居するオフィスビルが連立する、南ジャカルタ市のスナヤン地区（SENAYAN）でした。ジャカルタ首都特別州の中にあり、中央省庁のあるジャカルタ中心部からは7～8キロの距離といったところ、日本で言えば、ちょうど東京駅から田町もしくは品川までの距離とほぼ同じです。

このスナヤン地区の一帯は、日本の建設会社が中心となり、インドネシア政府による合弁会社と協同で、アジア最大級の開発プロジェクトである「スナヤン・スクウェア・プロジェクト」を行っている地域です。開発・設計・運営は、インドネシア政府から40年間の事業権を取得した日本の建設会社グループが行っています。

総事業費は500億円を超えるとも言われる一大プロジェクトのもとで、1996年のショッピングモール建設を皮切りに、オフィスビル、高級コンドミニアム、ホテルや複合レジャー施設などを次々と建設してきました。こうして建てられた施設は今や、現地のランドマークとなっています。

インドネシアで日本初の医療機関は、そのうちの一つの建物である「セントラルスナヤン1」というタワーに入る、ということでした。

はたしてどのような施設なのか、わたしはぜひ見てみたいと思いました。

わたしを迎えてくれたのは、PT. KAIKOUKAI INDONESIA副社長の川原岳志さんでした。川原さんはビルのロビーでわたしを待ち構えていてくださり、わたしの姿を見るや

「こんにちは」と丁寧にお辞儀し、握手を求めてこられました。

「こちらが今年12月にオープン予定の、インドネシアでは初めての日本医療機関、カイコウカイ クリニック スナヤン（当時、さくらクリニック）です」

と、川原さんは、吹き抜けになったビルのロビーからクリニックの外観を指しながら、言いました。

クリニックは、1階（380平方メートル）、2階（600平方メートル）に開設されることになっています。

「素晴らしいですね、壮大なスケールで……」と、わたし。

早速わたしは中へと案内されました。

「これらから建設していくかたちになりますが、こちらがクリニック内部になります」と言いながら、扉を開けた川原さんに案内された1階は、まだ何も置かれておらずガランとしていましたが、実に広々としたスペースでした。

準備を始めてから病院の設立認可が下りるまでには、約半年くらいかかったそうです。保健省よりも、州政府に係わる手続きに手間取ったのだそうです。

「いつ頃、完成予定なのですか」と、わたし。

「だいたい4カ月後の11月ぐらいには完成させ、1カ月のトレーニング期間をおき、12月から、最新の医療設備を完備した、カイコウカイクリニック スナヤンをオープンさせたいと思っています」と、川原さん。

「ところでインドネシアの法律では、外国人が直接医療をすることは禁じられていると聞きましたが、その点はどのようにお考えですか？」と、私。

「それをクリアするために、当クリニックではインドネシア人の医師を複数雇い、そのアドバイザーとして日本人医師が立ち会うという形態を取りたいと思っています」

「このクリニックでは、どのような医療が受けられるのでしょうか」

と、わたしは訊ねました。

「医療機器としては、レントゲンとバリウムの検査、あと超音波といったものを導入する予定です。日本でいう定期健診というか、健康診断が実施できます。必要であれば、もちろん外来でも、そういった検査を迅速に行わせていただくつもりでいます」と、川原さん。

偕行会は日本では、透析治療に実績があり、力を入れている病院です。高度医療における治療を受ける場合、富裕層はシンガポールの病院に行くのが一般的になっていますが、そんな医療の中でも、透析の場合には、週に数回の通院が必要になってきます。そこでインドネシア国内で透析のできるクリニックができたら、患者さんにはとても便利になります。

さらに、川原さんの話では、慢性疾患、糖尿病のケアに加えて、インドネシア経済の発展にともない増加してくる疾病に対応するために、循環器専門病院としての展開、ガン治療を中心とした先端医療の展開も視野に入れているのだそうです。

また、医療診断については、日本の医療法人偕行会 名古屋共立病院や他の医療機関とネットワークで繋ぎ、日本からの遠隔診断や画像の読影も可能だとのことでした。

わたしは、さらに訊ねました。

「インドネシアでは総人口2億4700万人に対し、医師の数はわずかに9万人。しかも日本人が医師免許を与えられないケースがほとんどだと言います。そんなインドネシアでなぜ、クリニックを開設しようと考えたのでしょうか」

２０１３年のインドネシアの医師数は、ＷＨＯ（世界保健機関）のデータでは９・８万人となっていますが、しかし、このうち保健省が管理しているのは４万人とも言われています。

実はインドネシアで、医師資格の取得に国家試験の合格が必要になったのは、２００７年からとされています。それまでは、医学部卒業をもって医師資格取得とされていたという事情がありました。

ちなみに日本では毎年少しずつ医師数は増え続け、２０１２年では、30万３２６８人（人口10万人に対して２３７・８人）とされています（厚生労働省「平成24年医師・歯科医師・薬剤師調査の概況」より）。

インドネシアの人口は、日本よりもはるかに多いことから考えれば、非常な医師不足と言えます。インドネシア政府はこうした実情に対処するために、２０１７年までに新たに10万人の医師を養成していくのだそうです。

「われわれは、日本でも病院・クリニックを展開していますが、日本では少子高齢化が大きな問題になっています。その中で日本の医療マーケットという点から見ますと、どうしても今後縮小していくことが明白になっています。

その点インドネシアは、人口が2億4000万人、平均年齢が30歳前後ということで、しかも経済成長の著しい国です。医療マーケットという観点から見ますと、非常に魅力的なマーケットになります。そこで思い切って一歩踏み出したというところです」と、川原さん。

「インドネシアには日本人も大勢います。そうした日本人だけではなく、現地の人への医療も兼ねて勇気をもって踏み出していけば、病院やクリニックの施設数を増やしていくことも十分可能ですよね」と、わたし。

「はい、インドネシアでも、カイコウカイクリニック スナヤン単独ということだけではなく、いろいろな可能性がありますので、どんどん展開していきたいと思っています。やはり進出した以上は、インドネシアの医療の水準を上げていくことを目指して、頑張っていきたいと思っています。インドネシアの医療の水準を向上させるために先進医療の技術を持った日本人医師をインドネシアの医学部や病院などに派遣し、様々な治療や設備のアドバイスをすることを今後のテーマにしたいと考えています」と、川原さん。

そして、話を続けました。

偕行会では、今後は既存の他の病院の中でのクリニックの開設も視野に入れて、既にたくさん病院のあるジャカルタ以外の場所で、透析治療が受けられる施設を作ることを考えておられるようでした。

インドネシアでは、既存の病院の中で、別のクリニックを開設することも可能なようで、日本語で診察・看護してくれるＪ－クリニックは、ポンドックインダー病院内にあることでも知られています。

川原さんが話を続けました。

「偕行会グループはもう一つ、大きな活動を行っています。それは日本の高い医療技術を学びたいという意欲のある、インドネシアからの留学生をサポートすることです」

実は、医療法人偕行会グループは、医療設備の新設の他にもう一つ、日本とインドネシアを結ぶ架け橋としての大きな活動を行っていたのでした。

留学生を支援し、第一線での活躍の場も提供

「看護師になりたくて、インドネシアから日本に来る人たちがいますよね。そういう人たちがせっかく3年間難しい勉強をして、研修を受けても、国家試験を受けて合格するのは10人に３人ということを聞きました。試験に失敗して国に帰ってしまう人もいますよね。そういう人たちを上手に採用してあげることはできないものでしょうか」と、わ

たし。

　インドネシアから訪れた看護師の候補者たちは、日本人看護師と同じ勤務体系で働きながら、退勤後には健気に国家試験の勉強を続けていました。日本各地で、地域の人が利用する病院や施設で頑張り、日本でのインドネシアの人たちのイメージも、すっかりよいイメージが定着していました。しかし、そうした留学生にとって、やはり日本語による受験の突破の壁は厚く、合格者はやっと3割、残りの人は試験に合格できずに帰国してしまう人たちがほとんどでした。

　両国の懸け橋になっている人たちを悲しませることについては、日本の厚生労働省も苦慮し、試行錯誤している状態でした。

　インドネシアでは、ようやく医師については2007年から国家試験制度が整備されたところで、実は看護師については、インドネシアでは国家資格・国家試験の制度はまだ導入されていません。インドネシア国内には、看護師は40万人いるとされていますが、その人たちは国家資格の取得者というわけではありません。

　国家試験受験の環境というものをまったく知らない人たちが、言葉の違う日本に来て受験するのですから、合格するには困難極まるものがあるのではないかと思います。

「実は、私どものクリニックでは、インドネシア国内の日本人の方たちにも多く利用していただくつもりで、クリニックの看護師さんには、ＥＰＡ（経済連携協定：Economic Partnership Agreement）による日本での試験に残念ながら失敗し、帰国された方たちを多く採用しようと考えています。20名程度になるかと思いますが、日本とインドネシアとの間で、そういった方たちの雇用の受け皿になることができればよいと考えています」と、川原さん。

「せっかく受けた研修が無駄にならず、医療のフロントで日本語が使えて、日本で学んだ高度な医療技術を現場で生かすことができたら、その人たちにとっても一番幸せですよね」と、わたし。

「われわれは日本でも、ＥＰＡで帰国された方たちをあらためてサポートするシステムを作っていますので、そういったシステムに乗せて、日本で再受験できるようにするなどのお手伝いをできるのではないかと思っています」と、川原さん。

わたしは、医療法人偕行会グループ会長の川原弘久さんにも話をお聞きしました。川原さんは、ＥＰＡ経験者の再受験への熱意と、その援助の必要性について、こう語られました。

「これまでほとんどのインドネシアの人々は医療を受けるチャンスがなかったわけですが、これからはそのチャンスも出てくるものと思っています。

そうした場合に、日本で十分勉強してもらわないと、今後インドネシアで発展していく医療に、看護師として十分な対応ができないことになります。ですので、わたしたちにとっても、インドネシアのお医者さんたちにとっても、そしてインドネシアの看護師さんたちにとっても、共通の課題として、できるだけ研修の機会を作っていかなければならないと思っています」

偕行会では、医師の採用については、インドネシアの医師や、インドネシアの医学生を受け入れた日本の大学病院からの紹介で募っていくのだそうです。

ちなみにインドネシアの医師は、公立病院では所属病院の許可が必要な場合もあるようですが、常勤でも3カ所まで勤務してよいことになっているのだそうです。

日本の労働力不足を補ってくれる留学生たち

こんな偕行会の留学生サポートによる支援を受けた一人に、当時32歳のウィディヤンティ・ジュリアルさんがいます。

彼女は、2008年、日本とインドネシアのEPAに基づいて、看護師の受け入れ事業の第一陣として28歳で来日したそうです。滞在期間の3年間で、日本の国家試験に2

回挑戦しましたが、あと一歩届かず、２０１１年8月に帰国しました。

いったん帰国してしまった元看護師・介護福祉士候補者たちが、国家試験を再度受験するのは制度上は可能ですが、渡航や滞在費の負担は実に重いものがあります。

折しも東日本大震災の発生から間もない時期で、彼女の親は再度日本へ行くことに反対しましたが、「子どもの頃から日本への憧れがありました。医療の進んだ日本で働きながら、技術や知識を学びたい」と、ジュリアルさんの再挑戦への気持ちは変わらなかったそうです。

彼女は２０１２年、偕行会のサポートを受けて、３度目の挑戦のため再来日しました。彼女は猛勉強の末、２０１２年2月、３度目の挑戦で看護師の国家試験に見事合格を果たしたのだそうです。

その後、ジュリアルさんは２０１２年12月から医療法人偕行会が経営する名古屋共立病院で働き始め、現在は帰国してカイコウカイクリニック スナヤンに勤務しています。

「日本に来て半年間はまず日本語の勉強でした。日本語は難しいです。尊敬語、謙譲語など、同じ意味でも言葉がたくさんありますし、漢字も読み方がいろいろあり、覚えることがたくさんあって、大変でした。

また、インドネシアで看護師として働いていた時には必要のなかった、清拭（体を拭く）時のタオルの温度や、介護に関することなど、日本独自のルールも多くあり、新しく覚えるのが大変でした。日本の看護理論、看護師の技術は高く、知らないことが多かったです。今、西館2階病棟で働いていますが、患者様が、どこから来たの？　頑張ってね、などと声をかけてくれます。皆さん優しく声をかけてくれるのでとても嬉しいし、『頑張ってね』という言葉は、私の力になります」

と、彼女は語っています（名古屋共立病院広報誌より抜粋）。

偕行会では、これまでこうしたジュリアルさんも含めて、インドネシアからの留学生7名の来日を支援してきたのだそうです。

わたしは、偕行会専務理事（当時、専務補佐）川原真さんが以前に、「日本国内の病院の労働力は不足しており、少子化で今後は一層厳しくなる。将来的には外国から人材を求める時代が確実に来るが、そのときに準備を始めるのでは遅い」（「じゃかるた新聞」2012年11月17日「『懸け橋』悲しませない」より抜粋）と語っていらしたのを記憶しています。

日本は医療技術や医療サービスのノウハウを現地のインドネシアで伝えていくだけではなく、日本国内において育て、さらに雇用の場も提供していこうとしている取り組みのあることを知りました。

製造業やサービス業、ＩＴ関係の職場……と、さまざまな現場で、外国人を見ることが多くなった日本ですが、言葉の壁のせいか、医療現場ではほとんど外国の人を見かけることはありません。

インドネシアで初めて日本の医療法人ができることで、これをきっかけに、もしかしたら日本国内の医療現場に向けて、深い繋がりが出来つつあるのかもしれません。

将来、病院や救急医療の現場においても、一人、二人と、インドネシアの人たちを見かけるようになる日が来るかもしれません。

さらにインドネシアの医療の課題としては、こうした人材の育成や高度医療サービスの達成のほかにも、薬や医療機器の開発、経営の管理と情報処理の開発などがあり、日本と協力して行っていけることがまだまだあると言えます。

特に情報システムに関しては、保健省では、マクロデータを利用したＩＴの開発を考えていて、地域病院の次には州病院というように、段階的にさまざまな病院で活用できるようにしていく意向があるとの話も聞きました。

これらはこれから先、日本と手を取り合って実現していくことが大いに可能です。それぞれの国の医療の現場においても、両国のパートナーシップが花開く日が訪れるものと思っています。

第5章

歴史的背景～インドネシア独立戦争と日本人

インドネシアの人たちと共に戦い、亡くなった日本人
——パートナーシップの原点

インドネシアは、高度経済成長のみならず、エコとの両輪で大発展した国です。そうした経済協力、エネルギー開発、そして医療提携にと、日本とインドネシアはさまざまな繋がりを持っていました。

実はそれだけではなく、インドネシアは日本に対してとても好意的な国です。何と国民の80%までが「日本が好き」という世界有数の親日国なのです。

日本とインドネシアは、歴史的背景にも大きな繋がりがあります。

インドネシアの南ジャカルタ地区にある国立追悼施設カリバタ（KALITBATA）英雄墓地は、ジャカルタの中心部から約6キロ南、それほど遠くない場所にありました。

この墓地はインドネシアに貢献した人たちが眠る、とても神聖な地です。

わたしはインドネシアを離れる前に、どうしてもこの地を訪れたいと願っていました。

なぜなら、この追悼施設こそがインドネシアとのパートナーシップの原点となる地だっ

たからでした。

わたしはこの墓地に父親が眠る日系二世の小野寺バスキさんからお話を聞きました。

小野寺バスキさんは、父親が元日本兵、母親がインドネシア人のハーフです。現在は60歳を超え、今まで日本とインドネシアの交流のために様々なビジネスサポートを業務としてやってこられたということで、3人のお子様もそれぞれ日本びいきで、3人のうち2人が日本に留学し、日本語がペラペラということもあり、素晴らしい家庭を作られている方でした。

インドネシアでは、日本が第二次世界大戦で連合国に降伏した1945年から4年5カ月の間、独立を宣言したインドネシア共和国と、独立を認めず再植民地化に乗り出したオランダとの戦いに突入しました。

ジャカルタ郊外にあるカリバタ英雄墓地

このとき世界大戦終了後もインドネシアに残り、インドネシアの独立のために、インドネシアの人たちとともに戦い、戦死した日本兵が数多くいました。戦後も日本に引き揚げずに独立軍に身を投じて戦った日本兵は数千人に上るとされています（ASEANセンター編『アジアに生きる大東亜戦争』、田中正明『アジア独立への道』より）。

インドネシアは1945年8月18日、憲法を制定し、大統領はスカルノ、副大統領はハッタとなります。日本軍は降伏後も所有兵器を保持し、当面治安の安定に努め、連合国に引き継ぐことになりました。

連合軍は、大戦に敗れた日本軍に対し、兵器類も含めた各占領地域を現状維持のままで、上陸する連合軍部隊に引き渡しを命令しました。インドネシア人の独立派への武器引き渡しは厳禁とされていましたが、日本軍のなかには、兵器の集積庫を開放した司令官もいました。海軍の柴田弥一郎中将と陸軍の岩部重雄少将は、「インドネシア人が武器を奪いに来たときは奪うに任せ、その責任はすべて最高司令官が引き受けよう」と――。

インドネシア独立派との暗黙の了解のうちに、日本軍は茶番劇を講じて、竹槍をもったインドネシア軍が襲ってきたので、日本軍は武器を置いて逃げたことにしたりしたのです。

イギリス軍が上陸した後も、日本軍はのらりくらりと言い逃れし、武器を処分すると言いながらも、独立軍が手にすればすぐ組み立て直すことができるように武器を解体し、廃棄を装いました。

そうした日本人兵士によって、3万丁以上の38式歩兵銃、数百の野砲、軍用トラック、食料、弾薬、軍刀など、多くの資材が、インドネシア軍の手に渡されました（永井重信『インドネシア現代政治史（第三世界研究シリーズ）』などを参考）。

独立勢力への加担をきびしく禁じていた連合国側は、日本兵によるインドネシア独立戦争への参加については、その対応に苦慮したそうです。

停戦協定が締結され、1946年11月末にイギリス軍部隊がインドネシアから完全撤退した後も、インドネシアは、独立を巡ってオランダとの外交交渉を進めてきましたが、そんな中、オランダ軍は、1947年1月24日には東部ジャワのクリアンとシドアルジョを攻撃・占領し、内陸のモジョクルトにも侵攻しました。さらに6月28日には、オランダ軍は、スラバヤ、ジョグジャカルタ周辺への空爆も開始しました（増田与『インドネシア現代史』より）。そして、1948年にはオランダは、スカルノ、ハッタの両氏や閣僚らを逮捕しました。

これに対し、共和国側は臨時政府を樹立し、オランダに対し、徹底抗戦を進めました。インドネシア独立軍は軍を編成してゲリラ戦を展開し、オランダ軍を窮地に陥れます。

そして、その戦いには多くの残留日本人兵が参加しました。

1949年、国連の仲裁を無視したオランダの暴挙は各国から批判され、ハーグ円卓会議の結果、12月27日、インドネシアはオランダからの独立を果たします。

インドネシアが独立を目指す4年半にもわたるオランダとの戦いで、インドネシア側の死者は60万人とも80万人とも言われています。負傷者は一説には1000万人を超えるともされ、算出できないほどの家屋・財産を無差別爆撃で失いました。死者の中には残留日本兵も含まれ、ゲリラ戦で指揮を執っていた元日本兵の多くが亡くなりました。

その数は、終戦から日本人の引き揚げが終了する1947年5月までの2年足らずの間だけでも1078人とされ、この数は大戦中の死者255名を上回るものであったとされています（永井重信『インドネシア現代政治史（第三世界研究シリーズ）』より）。そうして亡くなった日本人兵士の中には、無名戦士として葬られた人も数多くいたのだそうです。

バスキさんの父親の小野寺さんも戦後日本に復員せず、1946年からのインドネシア独立戦争に参加した一人だったのです。戦争中に上官の命令でインドネシアの女性を妻としたことも理由の一つでした。彼の祖国の半分はインドネシアだったのです。同時に戦争中インドネシア人に、「この戦争が終わったら日本人として絶対にオランダからの独立を支援する」ということを約束したのですが、戦争が終わって、はいさようならと帰ってしまうのは、約束をした人間としての責任が果たせない。人との約束を重んじる武士道精神がここで発揮され、その約束を果たすために小野寺さんもインドネシアに残ったのです。

5年にわたるこのゲリラ戦争の中で、小野寺さんと奥様は里や山深くに潜んでは戦い続けました。そしてその中で2人の子どもが生まれ、子育てをしながらの戦いでもありました。奥様は他の女性たちとともに、ゲリラ兵100人分の食事を毎日賄ったという話です。このような苦難の果てにインドネシアの独立は勝ち取られたのでした。

しかし独立戦争が終わると、もともと器用ではない元日本兵の人たちは生活に困る場面があったということでした。小野寺さんの場合も、実直ではあるけども、ビジネスマンにはあまり向いていないということで、夫人が化粧品会社の社長として生活を支えたということを、バスキさんは笑いながら語っておられました。

独立戦争で命を落とした日本兵の亡骸《なきがら》は今、カリバタ英雄墓地をはじめ、各地の英雄墓地に葬られています。しかし各地の英雄墓地に葬られている元日本兵の亡骸は、ほとんど無名兵士として合葬されているので、今となっては一人ひとりを特定することも出来ません。

戦後生き残った元日本兵も、インドネシア国籍を与えられたインドネシア人として、これらの墓地に埋葬されることになっているそうです。

このカリバタ墓地に埋葬されることは、インドネシアでは最高の栄誉とされています。墓地の石碑には、埋葬された人の名が刻まれていました。

そうした石碑の中から、小野寺さんは、一人の名前を探し、指さしながら言いました。

「これです。『TADAO ONODERA』と書かれているのが、わたしの父です。その後に刻まれている『SUDARMO』というのは、スカルノ大統領からもらった名前です」

「名誉あるお名前なのですね。『SUDARMO』というお名前をもらえたということは、国に貢献した立派な人であるということですね」と、わたし。

わたしは、小野寺さんのお父さまが祀《まつ》られている墓に手を合わせた後、その墓の前で、バスキさんの話をお聞きしました。

「わたしは小さい頃から小学校、中学校まで、父親が日本人だということでいじめられて、ものすごく苦労しました。ですから父が日本人であることは、なるべく隠してきました。みんな、わたしと友達にはなりたがらないんですよ。

友達みんなに、わたしは嫌われていました。しかしわたしの子どもの代になり、お祖父さんが日本人だと分かると、みんな友達になりたがりました。それだけ日本人に対する評価が180度引っくり返ったと言えます」と、バスキさん。

「そうなるまでには、何年かかりましたか。20年くらい経ってからということですか」と、わたし。

「いや、もう少しかかりました。1980年代になる頃からですね」と、バスキさん。

「その頃から、高度成長を遂げた日本への憧れから親日的になってきたということですね」と、わたし。

「はい、そうです」と、バスキさん。

「なぜ、日本兵はインドネシア独立戦争に参加したのでしょうか」と、わたしは訊ねました。

「日本の兵隊が、そのうちインドネシアを独立させますからと言うのを、多くのインドネシア人は信用していませんでした。それはあくまで政治的な約束に過ぎないと。

父も、それはもちろん政治的な約束ではあると思っていました。スカルノは独立を発表し、オランダとの外交交渉を進めていましたが、オランダ軍の全面攻勢により、インドネシアも抗戦に入りました。インドネシアがオランダとの戦いに入ったとき、父は、これはやっぱりインドネシア人との約束を守られなければならないと思ったのでした。

父は、約束を果たすために、インドネシアの独立のために戦ったのです」

日本人がインドネシア側の武装勢力に身を投じて独立戦争に参加した動機はさまざまであった、と言われています。

戦前戦中を通して、日本が大東亜共栄圏、東亜新秩序を打ち出していたことから、欧米からのインドネシア解放・独立のために、インドネシア人と「共に生き、共に死す」を誓い合って参加した者もいれば、「除隊」が済むまでは身分は「帝国軍人」として、戦後も上官に従って参加した者もいれば、なかには帰国後戦犯として裁かれるのを恐れたためにインドネシアに残留した者もいたとされています。

また、戦時中、日本軍によってインドネシアの各地で結成された郷土防衛義勇軍の教官として、インドネシア人青年の訓練にあたった者の中には、教え子たちのために独立派の武装組織に身を投じた人もいました。

ある者は武士道精神から、ある者はインドネシアに対する想いからと、インドネシア独立戦争に参加した日本兵の動機はさまざまでしたが、多くの兵士がインドネシア人と共に戦ったことは事実でした。

そして、1958年1月20日に、日本とインドネシアの平和条約、賠償協定が締結されると、60年代に日系企業の進出をはじめとした、両国間の架け橋の役割を果たしたのは、これらの残留日本兵の人たちだったのでした（藤崎康夫「インドネシア独立戦争を戦った日本人兵士」（『宝石』1995年9月号）より）。

「この国の独立を勝ち得るために情熱を持って、インドネシアの人たちと一緒に戦い、そして、故郷の日本の地を踏まずに亡くなっていったというわけですね」と、わたし。

戦後の日本で次々にヒット曲を飛ばして有名になった歌手の故藤山一郎さんも、戦後インドネシアのソロ市で捕虜となった人でした。

「ブンガワンソロ　ソロの流れ　いわれを秘めて今日も流れる
涸れどきは　水乾けど　雨季は豊かに　あふれ流れる
緑のみ山に　囲まれたみなかみ　流れて遂には　海に注ぐ
かわらぬは　ソロの流れ　商いの船　今日も流れる」

と、藤山さんは帰国後、インドネシアの大衆音楽「ブンガワンソロ」という曲に、ジャワ島で最長の川、ソロ川をうたった歌詞をつけて、歌いました。藤山さんは日本に帰れたことにより、インドネシアをなつかしみ、この詩をつくったのです。

しかし、帰れなかった人はどんな想いであったかと、わたしはこの地に留まり、亡くなった人たちに想いを馳せました。

「そうです。インネシアが独立できたのは、日本人のお陰だと思っているインドネシア人は大勢います」と、バスキさん。

「約束を果たすという日本人の情熱が、インドネシアの親日への想いを生んだことになるのですね」と、わたし。

「インドネシアと日本との間には、それだけの歴史があるのですから、もっと強くフレンドシップを結んでいくべきだと思っています。」と、バスキさん。

「インドネシアの若い人たちは意欲的だし、活力があります。そういう意味では、日本の若い人たちにもエネルギーを与えてもらいたいと思っています。また、インドネシアには資源もありますし、技術をはじめとしたいろいろな面で協力し合っていくべきですよね」と、わたし。

バスキさんもそのお子さんたちも日本への留学経験があり、現在、みな日本語を使った仕事に就いているのだそうです。

「インドネシアと日本は一緒にやっていかないと、もったいないです」と、バスキさん。

インドネシアの人々は、インドネシア軍にいた元日本軍兵士を、いまだに尊敬しています。

刻一刻と変化し続ける世界の状況の中で、今、日本を取り巻く状況は厳しさを増しています。そんな情勢の中で2011年のASEAN議長国であるインドネシアは、東南アジアきっての大国で、第二次世界大戦後の独立以来、政治・経済から文化に至るまで日本と密接な関係を築いてきました。

そして、インドネシアの人々は、インドネシアにいた元日本軍兵士にいまだに敬意を払っています。

これこそが、インドネシア人が他の一部のアジアの国の国民のように日本を憎まない理由だと考えています。

インドネシアの日本占領時代がどういうものであったにせよ、結果的にはインドネシア独立の道を作り、インドネシアのオランダ植民地化を阻止し、独立に寄与することになったことは否定できないのです。

世界の国の中で、もし日本が好きで応援してくれる国があれば、どんなに心強いことでしょうか。ともに助け合い、ともに成長していく仲間があれば——その仲間となれる国がインドネシアだったのです。

第6章

教育と社会

～エコに親しむグローバルな学校

自然に恵まれた神々の島バリ

カリバタ英雄墓地を訪れた後、わたしはバリ島（Bali）に向かいました。バリ島にユニークな教育を行っている学校があるという話を耳にしたからです。

ジャワ島のすぐ東にあるバリ島は、豊かな自然に囲まれた美しい風景がいたるところにあり、バリ舞踊などの伝統芸能が盛んなことから、世界的な観光スポットになっています。

バリ島は、首都ジャャカルタがあるジャワ島のすぐ東側に位置し、インドネシアという国の中で、周辺の諸島とともにバリ州を構成しています。２０１０年の調査では、島内人口は約３８９万人とされています。

インドネシアは、世界最大のイスラム人口を有しているので、イスラム教を国教だと誤解している人たちも多いようですが、これはそもそも人口の多い国の中で、ジャワ島やスマトラ島など人口集中地域に信者が多いためであって、インドネシアには国教はありません。憲法29条によって信教の自由が保障されています。

多民族国家であるインドネシアでは、地域ごとに民族や言語の違いが見られますが、宗教についても同様で、地域によってはイスラム以外のさまざまな宗教が見られます。バリもこの例外ではありません。

インドネシアの国民の宗教の割合は、イスラム教88・1％、キリスト教9・3％、ヒンドゥー教1・8％、その他0・8％となっています（インドネシア宗教省による2010年の調査）。

国民の9割近くがイスラム教徒だとはいえ、都市部などでは、ブルカというベールやヘジャブというスカーフで顔や頭を隠している女性は10人に1人ぐらいしか見かけないほど、そのライフスタイルに厳格なものは見られません。

バリ島の人々のおよそ90％は、バリ・ヒンドゥーを信仰していると言われるくらい、ヒンドゥーが根ざした地域として知られています。観光スポットとして有名「タナロット寺院」や「ウルワツ寺院」などの寺院をはじめとして、数千ものヒンドゥー寺院が残っていることから、バリ島は別名、「神々の島」とも呼ばれています。

バリ島におけるヒンドゥー教は、本家インドのヒンドゥー教とはまた違った風習を持つことで、バリ・ヒンドゥーと呼ばれています。ヒンドゥー教に、もともとバリ島にあった土着宗教と同時期に伝来した仏教などの影響を受けたことで、独自の宗教が生まれたとされています。

2000年初めには、農業従事者は全体の産業の20%をわずかに超えるだけの比率になりました。

現在バリ島の収入は観光業でなりたっていて、財政面でもバリ州の収入の3分の2が観光業によるものとされています。

訪れる観光客で多いのは、少し前までは日本人が最多とされてきましたが、ここ何年かで中国からの観光客が増え、国別で見ると、2013年はオーストラリアの81万4889人がトップで、次いで中国の38万7115人、日本は第3位の20万7829人で、日本人の観光客は全体の6・4%程度となっています（インドネシア共和国観光クリエイティブエコノミー省公式HP「VISIT INDONESIA」より）。

こうした近代化と観光の波が押し寄せるなかで、農業人口の減少に対応するため、州政府も農業の生産性の向上や、農家の経営の安定化と収入の増加に力を注いできました。近年は観光と連携した農業の産業化の動きもあり、バリ島中南部の斜面一帯は、美しい棚田としてガイドブックにも紹介されています。

バリ島の面積は5633平方キロメートル。近年、平野部を中心に宅地化が進んできたとはいえ、バリはゆたかな自然を多く残しています。

深い森林に覆われた標高1000メートル前後の丘陵地帯からなる島の西部は、そのほぼ半分の広大なエリアが「バリ西部国立公園」になっています。

1984年に自然保護区に指定された園内には、熱帯雨林、大草原、マングローブの林、珊瑚礁の海といった手つかずの大自然を有しています。バリ島だけに生息する幻の鳥、ジャラ・プティをはじめ、約200種類にも及ぶ野生動物も数多く生息しています。島の北部は東西に火山脈が走り、バリ・ヒンドゥーにおいて「信仰の山」とされる標高3142メートルのアグン山や、キンタマーニ高原で知られる標高1717メートルのバトゥール山などがあります。

また、南部は、火山脈に位置するブラタン湖などの湖水からの流れが下流域に向かって分岐し、その水量は自然環境とともに、古来より維持されてきました。

バリ島の豊かな水系は、島の南側全体の土地を緑にあふれるものにしています。

竹製の校舎に自然の中で学ぶ子どもたち

こうしたバリ島の南部に、エコに親しむ世界中の人々から注目されている学校があります。

その学校の名は「グリーンスクール」。世界で一番美しいとまで言われている学校は、自然に富み、壮観な景色で名高いアユン（AYUNG）川沿いにあり、アユン川を跨ぐようなかたちで広大な敷地を有していました。

このアユン川は、バリ島では、トラガ・ワジャ川と並んで、ラフティング（急流下り）を目的に観光に訪れる人の多いことで有名な川です。

一般の学校とは一回りも二回りも違う「グリーンスクール」での教育、この学校でしか学べないという独自のプログラムを求めて、世界50カ国から270名の子どもたちがこの学校に来ているというのです。

すでに成功をおさめた世界中の起業家をはじめ、この学校を支援する人たちも多く、この学校に子どもを通わせるためにバリ島に移住してくる家族もいるほどだそうです。はたして何がそこまで人々を魅了するのか、わたしは、実際に自分の目で見てみたいと思い、この学校に向かいました。

アユン川に架かる橋を渡り、少し歩くと校門が見えました。学校の校門を想像すると、わたしたちは、大きな門構えを想像してしまいますが、「グリーンスクール」と書かれてある門は、まるで日本の小さなお寺の入り口のようにも見え、東洋的な佇まいに感じられました。

わたしは、不思議な寺小屋のような感じのする門をくぐり抜けました。

「こんにちは」

と、わたしが挨拶をすると、

「いらっしゃい」

と、今回グリーンスクールを案内してくれることになっている、この学校の職員のベン・マクロリーさんが近づいてきて、わたしに握手を求めてきました。

早速建物の中へと案内してもらうと、「グリーンスクール」と名付けられたその理由がよくわかりました。

「建物は、すべて竹で出来ているのですね」と、わたし。

「はい、すべて竹製です」と、職員のマクロリーさん。

グリーンスクールは、建物、机、椅子……そのすべてが再生可能な地元の竹で作られていました。グリーンスクールは、自然と人との共生を目指す学校でした。

しかし、すべて地元の自然の竹を用いているのにもかかわらず、なぜか東南アジアのリゾートホテルで見かけるような、現代アートにも通じるような個性的な流線型の建築が目をひきました。

竹に書かれて吊り下げられた看板や各クラスを表す名札も、どこかモダンな装いがありました。

それもそのはずです。グリーンスクールの創設者であるジョン・ハーディ（John Hardy）さんは、竹を使ったデザイン会社のオーナーでもあったからです。

ハーディさんは、グリーンスクール創設を念頭に置き、その創設の1年前に、校舎の建設とその資金調達を目的に、PT BMBUという会社を設立しています。

竹を用いたユニークな建築とデザインを、リゾート用の建物ではなく、校舎に活用したことでも、この学校は世界中から多くの視察者やメディアの注目を集めてきました。「ゾウタケ」という種類の竹を用いたこのグリーンスクールの建設は、その道のデザインアーチストとして、ハーディさんの名を一躍有名にし、世界中から仕事のオファーが殺到しているとのことでした。

子どもたちが学ぶのは窓や扉のない教室

グリーンスクールの教室は、伝統的なバリ島の建築同様に、雨期のある熱帯気候とマッチして、風通しのよい空間になっていました。生徒たちは、壁や窓のない開放的な環境のもと、リラックスして学んでいました。飛んできた昆虫がノートの上にとまることもしばしば。まさに大自然の学校ここにあり、といった感じのスクールでした。

グリーンスクールの個性的な流線型の校舎はすべて竹製

壁や窓もないオープンエアで開放的な環境

教室ごとのしきりはあってもオープンエアのため、エアコンもありません。

消費電力は、教室や事務所などでは、いまのところ、牛と人間の糞尿を利用したバイオガス発電システムで賄い、調理やお湯を沸かす燃料としては竹を加工した際に廃材となるチップを利用しているのだそうです。自給率100%とはいかないまでも、学校全体が、電力消費量も少ないものになっていました。

将来的にキャンパスで使用する電力は、水力発電やソーラーシステムを利用するなどして、すべて再生可能エネルギーで賄っていくつもりなのだそうです。

10万平方メートル（約3万坪）からなる敷地は、すべて見て回るのに2時間もかかるほどの広さでした。

建物のまわりには、地下から出る自然の湧水で作られた自然のプールがありました。プールというよりは、川を堰《せ》き止めた感じです。

飲料水は、環境負荷の低いエコなシステムを作り上げ、井戸水を汲み上げて、バイオシステムズという会社の装置を用いて不純物を除去し、キレイな水を供給し、なおかつこれを循環できるようにしていました。

校舎のまわりに広がるフィールドには、地元農民の手によって、ナス、トマト、豆、チリ、キュウリ、ホウレンソウ、バジル、レタス、パイナップル、バナナ、ココナッツ、パパイヤ、カカオ、米など、たくさんの種類のオーガニック野菜や穀物が栽培されていました。学校側は、ここで採れた新鮮な野菜を、農家から買い上げるかたちで、子どもたちとスタッフの給食として提供しているのだそうです。

生徒自らが手がけるオーガニック菜園などもありました。子どもたちは、田植えや、種まき、収穫を行い、生徒たちは自分たちで栽培した野菜を、実際に収穫して食べるのだそうです。

まさに生きた教材で満たされた学校でした。

余った作物があれば、学校主催のファーマーズマーケットなどで販売し、地域のコミュニティーに還元されるようにしているのだそうです。

さらに校内には、「LIVING FOOD LAB（リビングフード・ラボ）」という名のカフェテリアもありました。

「実験室（LAB）」というその名の通り、「生きている食べ物（LIVING FOOD）」による充実したランチメニューが並んでいました。特に生徒が自分たちで育て収穫した野菜が並ぶサラダバーは人気で、おかわりする子どもも多いそうです。

「生徒は全部で何人ですか？」

「全部で270名です。下は3歳から上は高校生の18歳までいます。もうすぐ第1期生が卒業します」と、マクロリーさん。

「高校を卒業してからの生徒の進路は、どうですか」と、わたし。

「あと2週間で第1期生が卒業していきますが、オーストラリアやヨーロッパ、カナダやアメリカの大学に進学する生徒もいれば、1年間世界を冒険する生徒もいます。開校からまだ5年目で学校としては若い学校ですが、教育関係者の間では、世界中で注目されています。この学校から、どんな生徒が社会に出ていくのか、大きな関心が持たれています」と、マクロリーさん。

この学校の開校は2008年。子どもたちが自然を身近に感じながら、なおかつ世界中の文化に触れながら勉強できる環境を目指して開設されたのだそうです。

世界を飛び回り、さまざまな子どもたちを見てきたわたしは、この学校のカリキュラムや、実際に生徒たちがどのように感じているかについては、とても興味がありました。

世界各国から集まった生徒の中には、日本から学びに来ていた子どもたちもいました。そこで、日本から来ていた小学5年生の大西胡々《ここ》さんと、同じく5年生の村上菜穂さんに話を聞きました。「どうですか、この学校で勉強していて。楽しい?」

「楽しいです」

と、二人は声を合わせて言いました。

自主的に学ぶグリーンスクールの生徒たち

日本から来た女子生徒と談笑する著者

「コンピューターでは、どんなことを勉強するの？」と、わたし。

「算数のウェブサイトにログインして、そこで友だちと算数のバトルをしたりしています」と、大西さん。

「どっちが早く解けるかを競うってこと？」と、わたし。

「はい、そうです」と、大西さん。

「バトルをする相手の人っていうのは、知っているお友だち、それとも知らないお友だち？」と、わたし。

「世界中の人！」

と、二人は申し合わせたかのように、声を揃えて元気に答えました。

「この学校で学んでいて、一番いいなと思うことは何？」と、わたしは訊ねました。

「世界からたくさんの人が来て、いろんな人と友だちになれることです」と、大西さん。もちろん二人は英語に堪能です。

音楽堂では、生徒たちの手によるパフォーマンスや講演なども行われるそうです。毎回生徒が自分たちでテーマを取り上げては、その問題点を明らかにするという課題発表会もその一つで、こうした発表会が頻繁に行われているのだそうです。授業は、あくまで生徒たちの独創性を育むように展開されていました。

自然を身近に感じられる教室に、ゲームを使ったカリキュラムなど、その教育にはさまざまなメリットが見られました。

音楽室には、グローバルに、アフリカのザイロフォンや、世界の珍しい楽器の数々も見られ、これからの未来に世界中の文化に触れることの大切さという理念が息づいていました。

私が見学した時にはちょうど子どもたちがお昼ごはんを食べていました。竹で出来たフロアに裸足で車座になって、美味しそうにスパゲッティを食べていました。その日のメニューはハーブとコーンとベーコンのスパゲッティ。

「美味しい？」と聞くと、子どもたちは「すごく美味しいよ」と楽しそうに食べていましたが、テーブルや椅子に腰掛けて食事をするスタイルではなく、地べたに座って食べるというスタイルが非常に東洋的で、それもこの学校の個性なのかという気がしました。

その後、私は講堂に移動して、この日行われる「海を愛するわたしたちの発表」という発表会に参加しました。小さな子どもたちはそれぞれ魚やイカのお面をつけて、かわいい海のダンスを踊ってくれました。

その次は「海に関するエコの取り組み」というレポートを報告する中学生の登場です。バリに滞在している海洋学者から、サンゴの話や海の魚たちの生態、ゴミの海洋投棄による汚染がいかに海の生態系に悪影響を及ぼすかなど、パワーポイントや写真を駆使したレポートが中学生にしては上出来。意欲と個性を発揮したこの発表に参加した父兄の方々も、大きな温かい拍手で応えていました。

このように、みんなが人前で自分の考えていることをしっかりと発表する、パワーポイントで図解するなどの表現方法は、今後の教育で大切な部分ですが、文明から遠く離れたバリで？ と思っていた私は、その考えが間違っていることを思い知らされました。

今は世界が小さくなっているので、バリにいようとニューヨークにいようと全く変わりがないのです。彼らは世界中の友だちとネットで繋がることができるし、最先端の音楽をダウンロードして聴くこともできる。欲しい本があればアマゾンに注文すればすぐに届く。映画を観たければネットで観ることができる。

コンピューターの時代だからこそ、どこにいても最高の教育を受けることができるのが今という時代なのです。むしろ、先端の学力を得ることに加え、生身で自然にふれあい、牛や豚や鶏に触り、野菜を収穫し、川で泳ぐことによるポテンシャルこそが、普通の学校で詰め込み型のエリート教育を受けた子どもたちと比べ、将来大きな可能性を秘めた大人になることは間違いないでしょう。

教育から世界を変える

創設者のジョン・ハーディさんに、グリーンスクールの理念についてお聞きしました。

「この学校の教育基準を、どう思っていらっしゃいますか。アイデアとしては素晴らしい学校だと思いますが、教育レベルについては、疑問に思っている人もいるのではないかと思います。たとえば、高校を卒業したらいい大学に行けるのだろうか、きちんとしたところに就職できるのだろうか、などと」

「われわれは起業家精神を持っています。今年卒業する生徒がいますが、大学へ進学を希望した生徒は、全員希望通りの学校に進学する予定です。将来サラリーマンになりたいと願う生徒にとっては、ここはあまり好ましい学校ではないかもしれません。しかし、独立起業家になりたいと考えている人にとっては、最適の学校です」と、ジョン・ハーディさん。


つまり、将来、どれだけたくさんの人に影響を与えることができる人間となっていくか、それを大切にしている学校なのだと思いました。

「リーダーシップを身につけることができるということですね」と、わたし。

「そうです。その通りです」と、ハーディさん。

「アジアの人たちは自分の子どもたちに一生懸命勉強させて、学校のシステムの中において勝ち上がり、試験でいい成績を取り、いい大学に入るのが最終目的になる傾向があります。特にアジアの富裕層にはこうした傾向が見られると思っています。こうした傾向についてては、どう思われますか」と、わたし。

「アジア圏では何か欠けているものがありますよね。創造性がないのです。独立起業精神もありません。いつまでも何かを追いかけてばかりいるように思えます。アジアの国々で見られる問題点は、何でもすべてアメリカの例を追いかけていることにあると言えます。つまりは一流大学を出て、目指せ金融業です」と、ハーディさん。

「世界中から素晴らしい教師を選ぶことができるとお聞きしましたが、本当ですか」と、わたしは訊ねました。

「はい、この学校には非常に優秀な教師がいます。この学校の教室に来ること自体が、第一の大きな仕事と言えますので、その人たちはまさにパイオニアです。私は自分で面接をして教師を選んでいますので、まさに一流の教師揃いです」と、ハーディさん。

「そう、確かにパイオニアですね」と、わたし。

「ですが、一つだけ足りないものがあります。それは、日本人教師がいないことです。

頭が丸いというか、柔軟な考え方で……なおかつクリエィティブで、特別なことを成し遂げたいと思っている日本人教師を求めています。どなたかお知り合いがいたら、お伝えくださいい」と、ハーディさん。

「グリーンスクールの今後の計画を聞かせていただけますか」と、わたし。

「このグリーンスクールをさらに増やしたいと考えています。中国やフィリピン、タイ、インド、アフリカなどに。それが今後の計画と言えます」と、ハーディさん。

「それは、創設なさったハーディさんにとっても、児童・生徒にとっても、とても輝かしい未来ですね」と、わたし。

「もちろんです」と、ハーディさん。

「わたしはここで学んだ子どもたちがいつの日か、社会のリーダーになってくれることを願っています。近い将来そうなってほしいと思っています。あなたもそうなるという自信をお持ちですか」と、わたし。

「もちろん。でも、しばらくは待つ必要がありますね」と、ハーディさん。

「待つ必要というのは、10年くらいですか」と、わたし。

「20年くらいでしょうね」と、ハーディさん。

グリーンスクールの創設者であるジョン・ハーディ夫妻は、1975年にカナダからバリ島に移住し、バリ島で高額所得層を顧客としたジュエリービジネスで成功しました。その企業の権利を売却した資金で、グリーンスクールの創設を念頭に置いて、2007年に竹のデザイン会社を設立し、そこで得た校舎の建設デザインと資金を元手にグリーンスクールを開校しました。

学費はバリ庶民にとっては残念ながら年間60万円と高額ですが、夫妻は、ビジネスで成功を収めた財産のほとんどを費やして、夫妻がまさに理想と考えるスクールを作り上げたと言えます。

バリの平均年収は24万から30万円くらいなので、まさに高嶺の花と言えます。しかしバリ人をこの学校に入学させるために、ハーディさんは特別奨学金制度を作り、毎年10名ほどがこの奨学金で学んでいるそうです。そしてこの60万円という金額は、世界中のインターナショナルスクールの学費に比べたらおよそ5分の1で、非常に安いと言えます。バリの学校への入学を目指す日本人がもっといてもいいのではないかと思ってしまいました。

受験地獄、塾地獄に子どもを突き落とすくらいなら、こうした学校に子どもを行かせてユニークな教育をしてもらうのもひとつの方法かもしれません。ただし、そのためには日本人がそこで生活できるような寄宿舎や日本人の寮母さんが必要かもしれませんが。

「世界を変えるにはまず教育だ」とは、ハーディさんがこのスクールを創設した理由でもあります。

わたしも教育の大切さは日ごとに痛感しています。

全世界から多くの生徒たちが集うグリーンスクール――この学校で自主性、主体性を磨いた子どもたちが、豊かな国際性と創造性を身につけた人間として、やがて世界に羽ばたいていく日も遠くないでしょう。

この素晴らしい自然の中で学んだ卒業生が、未来のリーダーとなって活躍する日が楽しみです。

パートナーシップと未来への期待

かつての日本を見ているかのような、高度経済成長に後押しされた人々の豊かさへの想い。それと同時に、古き伝統を大切に思う優しい心。その二つが同時に息づいているインドネシア。

今、この国では、「エコ」と「高度経済成長」という二つの相反するものを達成していくことが求められています。

日本とのパートナーシップの可能性を秘めた親日国、そして今、さまざまな急速な経済成長を遂げている国、インドネシア――。

この国のエコと経済成長への取り組みにおいて、わたしにとって特に印象的だったのは、インドネシアの科学アカデミーが、非常にフレキシブルに、あっと言う間にスーパーソルガムを受け入れたということでした。

こうしたフレキシブルな対応は、普段行われるようでいて、実際はなかなか行われないことなのです。なぜなら、前例のない、新しいことを取り込もうとする場合には、官僚機構が足を引っ張ることが往々にしてあるからです。

ですので、インドネシアにおいて、今、実際に取り組み始めているということには、わたしはとても大きなインパクトを感じました。

また、非常に柔軟に新施策を取り入れるだけの決断力があったという点で、この国の素晴らしさを感じました。

本来インドネシアの人たちの持っている親日的な心の優しさ、感謝の心の厚さ――日本人も、これらをきちんと正しく評価し、インドネシアの人たちが日本人に対して抱くのと同じように、日本人もまたインドネシアの人たちに対し尊敬の念をもって付き合っていくことの必要性を感じました。

そうすることによって、日本にとっても、大きな未来を築いていけるのではないでしょうか。日本が、このインドネシアとともにお互いの国の将来を築いていくことの大切さを改めて痛感しました。

あとがき

インドネシアの若者たちは、ＳＮＳやメールをするなど、コンピューターやスマホを上手に楽しく使いこなしています。報道によれば、Twitter のユーザー数が現在世界第５位で、２０１２年６月時点でのつぶやき数が世界第１位の都市は、なんとジャカルタだったそうです。大統領の Twitter のフォロワーは３６０万人、Facebook のフォロワーは82万人と大変な数になっています。

私の主人、菅原やすのりがインドネシアのソロで開催されたコンサートに招かれたとき、ユドヨノ大統領の自宅で夕食をいただき楽しい時間を過ごしたことがあります。ユドヨノ大統領が選挙で当選した日、彼の日本語のフェイスブックにそのことを投稿しただけで、あっという間にインドネシア人の若者が何百人も閲覧に来ました。

今後は経済の発展とともに所得が増え、通信費用がますます安くなっていく時代において、人が好き、コミュニケーションが好き、そして親日的なインドネシアの若者たちは、インターネットのパワーを武器に非常に大きな力を持つのではないかと考えられます。そんな時代に日本の若者たちがちょっと英語でメッセージを発信することで、インドネシアの若者たちとどれほど容易にコミュニケーションできるか……このような流れを日本の若い人たちに作ってもらいたいです。

今の日本の若者たちはあまりにも内向き志向で、日本以外の国々や人々を理解できなくなっています。就職ひとつとっても、ほとんどの大学生がネットで手に入る就職試験の申込書に内容をコピペし、一斉同報で50〜100社あてに応募するという、何とも悲惨な就職活動を行っています。結果として、それはそのまま50〜100の企業から「不採用」という通知をもらうことになるのです。

できるだけ大学生のうちに、アジア、オセアニアの国を1年くらいかけて回ってみる、働いてみる。そしてこれらのアジア、オセアニアの高度成長の国では、日本の法人や外国の企業で働くチャンスがたくさんあるということを知ってほしいと思います。

海外の、たとえばインドネシアの大学に1、2年留学するだけで、本気を出せばインドネシア語も英語もマスターできる環境が整っています。そうした様々な経験と語学力さえあれば、就職において、人とは違う会社を見つけるノウハウや、自分が意欲をもって働ける場所に入社できる能力を自分自身で身につけることもできるはずです。入社試験の面接マニュアルを、お金をかけて学びに行くほど愚かしいことはないと思います。

この問題は、理科系の日本人大学生についても同じことが言えます。現在日本の理科系の大学院、博士課程はドクターまではウエルカム、どんどん入ってらっしゃいと教授は優しい顔をするものの、それはあくまで自分たち教員の給料を確保するための手段としての歓迎であって、その先の就職に関しては全くお先真っ暗なのです。大学院生は教授の言うままに作業するだけで、独自の研究テーマを全く見つけられない、そして、仕事が見つかっても期間限定の短期雇用しかないのが現実です。それなら海外の大学院に入学したほうがはるかに良いともいえます。

そんな環境の中に日本人の若者も混ざって一緒に勉強をすれば、高度成長期のアジアの国々ならどこでも就職できるし、それ以上に自分自身がビジネスを立ち上げる起業家としての視野も持てるだろうと思えてくるのです。塾で勉強しすぎの日本の学生はコミュニケーション能力があまりにも未熟だし、生の楽しい体験が不足しすぎています。ぜひとも学生のうちに、明るくパワーに満ちたアジアの国へ飛び出して経験してほしい。この本にはそんな願いも込められています。日本の若者の未来は暗くはないはずです。ちょっと視点を変えるだけで、無限の未来がここから始まるといっても間違いないでしょう。

若者たちはお金がないと生きていけないと思っていますが、いろいろな国を体験すれば、それが間違いだということが実感できるでしょう。
情報不足は不幸の道への第一歩。この本を若い人にも読んでほしいと思うのは、アジアの国々の若者が、いかに活力とエネルギー、明るさにあふれているかを感じとってもらいたいからです。

2014年12月

菅原明子《すがはらあきこ》

◉著者について

菅原明子（すがはら あきこ）

保健学博士。菅原研究所所長。1976年、東京大学医学部疫学教室にて博士課程修了。アジア・ヨーロッパ・アフリカ・アメリカなど、世界各国を訪問し、食生態学の調査研究を続けてきた。1983年、エッソ女性科学者奨励賞受賞。1984年、「菅原研究所」を設立。人間のための食環境づくりを西洋医学、東洋医学の両面から調査研究している。日本健康医学会評議委員、日本アーユルヴェーダー医学会顧問、農林水産省環境保全型農業推進委員会委員、女性科学者健康会議（ＷＳＦ）代表で、毎年薬師寺で女性イベント主催。食育・健康教育の分野、そしてマイナスイオン科学の第一人者として研究、執筆、講演活動などに精力的な活動を繰り広げている。主な著書に『マイナスイオンの秘密』『快適！マイナスイオン生活のすすめ』（ＰＨＰ研究所）『食品成分表』（池田書店）『ウィルスの時代がやってくる』（第二海援隊）『白米が体をダメにする！』（現代書林）『黒い食べ物に秘密パワーがあった』（青春出版社）『天然素材住宅で暮らそう！』『グリーンエネルギーとエコロジーで人と町を元気にする方法』（成甲書房）など多数。ＮＨＫ番組審議委員、ＮＨＫ経営委員歴任。
公式ホームページ　http://www.suga.gr.jp/

インドネシアが日本《にっぽん》の未来《みらい》を創《つく》る

そして日本《にっぽん》がインドネシアの未来《みらい》を創《つく》る

◉著者
菅原明子

◉発行日
初版第1刷　2015年1月20日
2版第1刷　2015年5月20日

◉発行者
田中亮介

◉発行所
株式会社 成甲書房

郵便番号101-0051
東京都千代田区神田神保町1-42
振替00160-9-85784
電話03(3295)1687
E-MAIL　mail@seikoshobo.co.jp
URL　http://www.seikoshobo.co.jp

◉印刷・製本
株式会社 シナノ

Printed in Japan, 2015
ISBN978-4-88086-323-8